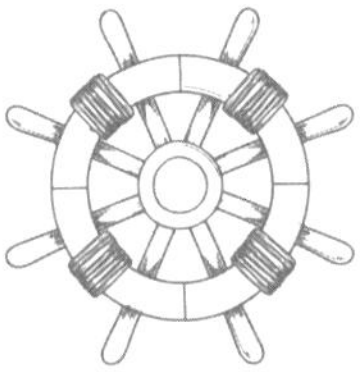

贸易制度对外商投资及制造业开放式创新模式影响研究

Research on the Impact of Trade System on Foreign Investment and Open Innovation Model in Manufacturing Industry

陶　权◎著

華中科技大學出版社
http://www.hustp.com
中国·武汉

图书在版编目(CIP)数据

贸易制度对外商投资及制造业开放式创新模式影响研究/陶权著. —武汉:华中科技大学出版社,2021.8
ISBN 978-7-5680-7459-9

Ⅰ.①贸… Ⅱ.①陶… Ⅲ.①对外贸易政策-影响-外商投资-研究-中国 ②对外贸易政策-影响-制造工业-研究-中国 Ⅳ.①F752.0 ②F832.48 ③F426.4

中国版本图书馆 CIP 数据核字(2021)第 162364 号

贸易制度对外商投资及制造业开放式创新模式影响研究
Maoyi Zhidu dui Waishang Touzi ji Zhizaoye Kaifangshi Chuangxin Moshi Yingxiang Yanjiu
陶 权 著

策划编辑:周晓方 宋 焱
责任编辑:苏克超
封面设计:原色设计
责任校对:张汇娟
责任监印:周治超
出版发行:华中科技大学出版社(中国·武汉) 电话:(027)81321913
武汉市东湖新技术开发区华工科技园 邮编:430223
录 排:武汉楚海文化传播有限公司
印 刷:湖北恒泰印务有限公司
开 本:710mm×1000mm 1/16
印 张:8.75 插页:2
字 数:168 千字
版 次:2021 年 8 月第 1 版第 1 次印刷
定 价:68.00 元

内容提要

本书主要研究贸易制度对外商投资的重要影响以及对于制造业开放式创新模式的相关影响,研究结果促使我们更加重视贸易制度和政策的重要性,从而积极吸引外商投资和优化制造业开放式创新模式,推动我国经济的快速发展。本书主要内容分为六章:第一章是相关研究背景及现状分析;第二章阐述了贸易制度与外商投资及开放式创新相关理论;第三章研究贸易制度对外商投资的影响;第四章分析如何推动丝绸之路建设以吸引外商投资;第五章对我国制造业开放式创新模式进行实证研究;第六章提出了相关对策。利用本书研究成果,我国可以制定更为合理的贸易政策以吸引外商投资和促进制造业开放式创新发展,推动我国走向贸易大国和制造业强国之路!

本书适合经济管理类专业的学生使用,也适合从事经贸和商务工作的人士作为学习参考书籍。

前言

在急剧变革的全球化时代，国与国之间的贸易日趋频繁，贸易摩擦和争端也在增加。新冠肺炎疫情暴发之后，全球贸易形势发生了很大变化，对世界经济格局带来重大影响。我们必须更好地适应后疫情时代的变化，积极优化我国贸易制度和政策。一方面，加快发展经济内循环；另一方面，加快利用外资，推动经济双循环发展。我国自从 20 世纪 70 年代末推行改革开放政策以来，由局部的逐步开放战略，逐步过渡到更加广泛的层面。特别是加入 WTO（世界贸易组织）以后，我国在对外贸易领域实行了更为积极主动的开放政策，制定了一系列贸易制度和政策，为外商投资企业在我国的发展创造更加宽松的政策环境，进一步规范外商投资企业在我国资本市场上的并购活动，使得我国在外资利用上朝着多元化的方向发展。同时，在金融、保险、电信以及铁路等领域推行了新的外资政策，为服务业更好利用外资提供了良好的制度保障。随着我国贸易制度的不断改进，这些贸易制度的制定将为我国引进外资及加快经济发展带来更大的制度红利，同时推动我国制造业开放式创新模式的调整和发展，并最终促进我国制造业的发展，特别是对我国高科技产业和高端制造业的发展有着重要的作用。

本书从不同方面来阐述我国贸易制度对外商投资及制造业开放式创新模式的相关影响。第一章是相关研究背景及现状分析，分析了当前所处的背景，提出理论意义和现实意义，并对当前的国内外现状进行了研究。第二章阐述了贸易制度与外商投资及开放式创新相关理论，这为后面的研究打下了理论基础。第三章是贸易制度对外商投资的影响研究，对我国贸易关税制度和外商投资在我国的发展进行分析，并就美国对华贸易摩擦的相关影响和我国外贸业务发展及对策进行了探讨，还对我国粮食贸易与价格体制影响及贸易制度对外商投资影响进行实证分析。第四章重点研究推动丝绸之路建设以吸引外商投资的现状及措施，对我国推进丝绸之路经济带贸易建设以及后疫情时代我国推进数字丝绸之路贸易发展进行了分析和探讨。第五章对我国制造业开放式创新模式进行实证研究，分析了相关文献及制造业开放式创新模式的选择，对制造业开放式创新模式进行灰色关联分析和实证分析，得出相关实证结果并进行总结。第六章就如何完善贸易制度以吸引外商投资及促进我国制造业开放式创新模式优化提出了相关对策，最后进行了总结分析。第七章是本书的研究结论。

本书通过研究我国贸易制度对外商投资及制造业开放式创新模式的影响，使得我们更加意识到贸易制度与政策对于发展我国对外贸易和吸引外商投资的重要性，以及对于制造业开放式创新模式及制造业产业结构升级的重大意义，从而更好地促进我国制造业的发展，推动我国走向贸易大国和制造业强国，并进一步推动我国国民经济的增长和综合国力的提升！

感谢江汉大学领导、同事及各位亲朋好友的全力支持，同时感谢华中科技大学出版社领导和编辑们的辛勤付出。

作　者

2021 年 6 月

目录

第一章

研究背景及现状分析

第一节 研究背景分析

国际社会越来越意识到，一个国家的贸易制度健全与否，对外商投资的吸引力以及本国制造业开放式创新模式与制造业产业发展，有着重要而深远的影响。进入“十四五”时期，经济发展迎来新常态，我国制造业创新需要与对外贸易发展及区域经济开发开放结合起来。发展对外贸易时，制度建设非常重要。我国相关贸易制度需要不断完善，相对良好的贸易制度环境和投资前景吸引了国外资本及相关产业进入我国市场，使得我国的经济规模得以持续快速和稳定增长。我国已经成长为全球第二大经济体，并成为国际外部资本投资的热地。但是近年来，从全球贸易发展来看，国际贸易摩擦时有发生，全球贸易保护主义日渐抬头，对世界经济发展造成了很大影响，特别是美国对我国贸易和科技的打压，使得世界经济变得更加复杂。进入 2020 年以来，新冠肺炎疫情在全球暴发，给世界各国经济发展带来巨大影响，对制造业的发展造成很大的打击，世界经济发展的不确定性因素增加。我国在国家强有力的疫情防控措施下，经济得到了快速复苏，稳定进出口贸易政策，培育对外竞争力，采取有效措施吸引外商投资和积极改善贸易制度环境等，增强贸易竞争的综合实力。我国正在加快进行改革开放，在华外商投资数量也在显著提升。我国积极优化投资的硬环境和软环境，在硬环境建设方面主要是为外商提供各种基础设施，在软环境建设方面主要是制定各种政策法规与提高办事效率等隐性条件。外商投资主要是国外企业为了在他国获得持久利益而进行的投资，这就必然会受到东道国制度环境的影响，尤其是受到贸易制度和政策的影响。贸易制度环境对外商投资的影响，既可能增加也可能降低外资企业投资的交易成本和不确定性。在制度环境的影响下，外商为获取更大利益，会积极进入我国市场进行生产投资活动，而我国为了吸引资金和技术，促进产业结构转型和优化升级，也在积极创造条件和改善贸易制度环境以吸引外商投资，推动我国制造业的快速发展。

我国正在积极制定一系列贸易相关制度和政策，为外资企业在中国的发展创造更加宽松的政策环境，进一步规范外企在我国资本市场上的并购活动，使得我国在外资利用上朝着多元化的方向发展；并且在金融、保险、电信以及铁路等领域推行了新的外资政策，为服务业更好利用外资提供了良好的制度保障。同时，为了积极促使外资高端科技企业向我国转移，逐步实现由“中国制造”向“中国创造”转型，推动经济高质量发展，制造业是关键和重点所在。制造业要以创新驱动发展为根本路径，通过激发微观主体创新活力、推进数字化转型、扩大对外开放，不断提升供给体系质量效益，实现从制造业大国向制造业强国转变。制造业是实现工业化和现代化的主导力量，也是国家综合实力和国际竞争力的体现。对于制造业来说，高质量发展就是创新能力强、工艺先进、数字化智能化水平高、产品质量好、能耗与物耗低、污染物排放少、处于全球价值链中高端、整体竞争力居于世界前列，能够与人民日益增长的美好生活需要相适应，能够为建设富强民主文明和谐美丽的社会主义现代化强国形成有力支撑。我国贸易制度和政策在不断调整，我国在外资利用政策方面必定会逐步强化。随着吸引外商投资政策的不断优化和贸易制度环境的不断改进，贸易制度环境的创建必定为我国引进外资、加快经济发展带来更大的制度红利。贸易制度的完善以及外商投资的进入，为我国制造业发展创造了良好的内外部环境，我国积极推进制造业开放式创新模式改革，促进我国制造业产业升级，促使我国的外资利用具有可持续性，推动我国朝着世界贸易大国和制造业强国迈进。

第二节 研究意义

一、研究的理论意义 ▶▶▶

在后疫情时代背景下，本书重在探讨我国贸易制度对外商投资及制造业开放式创新模式的影响问题，促进国际贸易学、新制度经济学及产业经济学等多学科知识的融合发展。美国经济学家熊彼特在《经济发展理论》一书中最早提出创新理论，对于创新理论研究主要是沿两个方面的研究路线进行的：一是从技术的角度展开的研究，是以技术的变革和技术的推广为中心而形成的技术创新分支；

二是从制度的角度展开的研究，是以制度变革为中心而形成的制度创新分支。从20世纪80年代开始，在经济进化理论的大背景下，这两个方面的研究路线又呈现出融合的趋势，形成了国家创新系统理论。进入20世纪90年代，随着世界经济的剧烈变动，世界经济的变化又从工业经济向知识经济转变，使提高创新能力有利于应对全球化知识经济时代的挑战。我国学者在这样的背景下，提出了自主创新的概念，可以说自主创新是国内出现的一个新词，我国学者从不同的方面、不同的角度对自主创新的研究逐渐增多。可见，在不同的经济时期，由于企业面临外部环境的不断变化，创新的观念、内容、路径以及模式等也随之变化，当然创新理论也在不断更新。20世纪以前的创新研究范式主要以“封闭式创新”为主的创新模式在当时起到了很重要的作用，创新的成功也在多数企业得到了印证。然而，21世纪以来创新过程已从简单的线性模式发展为日渐复杂的相互作用模式，原本的创新模式已经不能适应知识经济下的企业技术竞争战略、信息化、全球化。由此，开放式创新理论被提出。Chesbrough提出了开放式创新理念，诠释开放式自主创新的内涵、模式以及作用机理，并构建了开放式自主创新分析框架，进一步丰富了制造业企业开放式创新领域的研究。在后疫情时代背景下，通过该理论的深入研究，有利于贸易制度理论和外商投资理论的完善，有利于在制造业领域构建开放式创新模式，为我国走上工业强国之路提供理论支撑。

二、研究的实践意义 ▶▶▶

随着我国制造业的快速发展以及对外贸易的日益繁荣，我国贸易制度在不断进行完善，相对良好的制度环境和投资前景吸引着国外资本及制造业进入我国市场，使得我国经济规模得以持续快速稳定增长，并成为国际外部资本投资的热地，制造业开放式创新模式也显得越来越重要。后疫情时代，在吸收外商投资和迎接外部制造产业转移的大环境下，研究我国贸易制度及理论有利于吸引外商投资和推动我国制造业开放式模式创新，贸易制度的设计和制定对我国制造业的振兴和发展有着重要的实际应用价值。制造业作为国民经济和国防建设的基础产业，是国家实力和国际竞争力的主要象征，振兴我国实体制造业，是实现经济全面协调可持续发展的战略举措。建设创新型经济强国，制造业是关键，增强自主创新能力，制造业应该先行，需要制造业企业利用开放式创新模式，提高企业的创新能力。制造业企业可以被看成是与外界交换能量、物质的耗散系统，每个企业都不是封闭存在的，而是需要不断地与外界交流资源、能量和信息。企业创新也是一个耗散结构不断变化的过程。为了保持平衡并不断发展，只有从外部获取的创新要素大于企业内部耗散的创新要素，制造业企业才能实现创新，才能创新出先进的理念、技术、产品，同时企业才会不断成长和发展。因此，制造业企业应该转变原来的封闭观念，向开放的观念转变，用开放式创新的理念促进发展，充分交换外部的创新要素，使之与企业的创新资源充分融合。制造业作为向国民经济和国防建设提供技术支撑的基础产业，是国家实力和国际竞争力的主要表现。无论对一个国家还是地区来说，制造业都具有极其重要的战略和现实意义。振兴我国制造业，是提高我国经济全面协调可持续发展的战略举措。建设创新型经济强国，制造业是关键，增强自主创新能力，制造业应该先行，所以提高制造业自主创新能力已刻不容缓。针对制造业企业，原来的封闭式的创新思想越来越受到挑战，这就需要制造业企业利用开放式创新模式，构建企业强大的创新平台，形成创新网络，通过整合创新资源、利用扩散和溢出效应，使得企业突破一道道技术障碍，提高企业的创新能力，减少企业的创新风险。我国制造业企业基于自身的特点，需要不断加强技术研发，需要不断获取大量的外部创新源，需要积极推进开放式创新，并具有开放式的自主创新的观念。因此，在面临疫情带来的全球化挑战下，深入研究我国贸易制度对制造业开放式创新模式的影响，有利于推动国内国外双循环发展，提升我国制造业在全球价值链中的地位，为我国制造业提供新的市场机会，有利于我国贸易制度的顶层设计和吸引外商投资，有利于制造业开放式创新模式的形成，也有利于我国制造业的结构调整和投资转移，并推动我国实体制造业经济的快速发展。

第三节　国内外研究现状和趋势分析

一、国外研究现状和趋势分析 ▶▶▶

国外对贸易制度和制造业开放式创新模式领域的研究比较多，就贸易制度对制造业创新模式与绩效的影响，主要体现在两个方面：一方面，贸易制度创新也是一种生产力；另一方面，有效的贸易制度可以降低制造业技术进步和技术成果转化的交易成本。蒲格和维纳布斯(2015)认为，垄断竞争的市场结构、运输成本及产业投入产出结构联系的相互作用决定某一行业所有公司在某地区形成集聚。Klimenko(2016)认为，产业集聚到一定程度后产生的集聚区内非贸易品价格居高不下、地价上升、环境污染等拥挤成本，会造成产业扩散的离心力。蒲格和维纳布斯认为，产业集聚区内究竟哪个产业率先发生转移，是由产品投入产出结构、产业的前后向关联度决定的，未来产业转移理论还有很大的发展空间。国外对制造业开放式创新方面也有研究，开放式创新理论的提出顺应经济的发展、技术的进步，著名经济学家熊彼特用进化论的观点来分析经济问题，其所提倡的创新理论，是经过学者们的研究逐渐演变而来的。哈佛商学院教授 Henry W. Chesbrough(2018)认为，制造业开放式创新具有一定的理论基础，是知识经济时代企业技术创新的趋势。

在制造业开放式创新模式领域，Mildred A. Hastbacka(2012)认为，制造业开放式创新的实践模式包括四个部分——战略、资源、进程、组织，四者共同构建了一个金字塔式模型。Chesbrough (2013) 认为，开放式创新模式是将内部和外部的两条路径实现商业化。Robert Kirschbaum(2013)通过对 DSM 公司的深入研究，提出开放式创新活动应该是一个公司内生的，达到产生开放式创新活动的结果。Gassmann(2016)则认为，不同的创新模式对于促进产业的创新有重要的作用。Liehtenthaler(2018)采用的是问卷调查，主要调查对象是 154 个大中型欧洲企业，以系统的视角来分析企业开放式创新的情况。Sungjoo (2019) 等以韩国中小企业为研究对象，发现企业网络能有效促进中小企业的开放式创新，相对于大型企业开放式创新以促进研发为主，中小企业更注重利用开放式创新中的商业化途径。Liehtenthaler 和 Ernst(2020)认为，贸易制度对不同规模的制造业企业的开放式创新模式有重要的影响，为了便于寻求创新，应该选择开放式创新模式。

二、国内研究现状和趋势分析 ▶▶▶

在国内研究现状方面，就贸易制度指标设计及其对制造业开放式创新模式的影响，金玉国等用三个指标来测量地区宏观制度环境——产权制度、市场化程度和对外开放程度，他相应地引入了三个制度变量：非国有化率、市场化程度和对外开放程度。金玉国等在《宏观制度环境：河北相对经济水平下降的一种解释》中给出了计算某地区制度环境综合指数的方法。通过将制度变量与 GDP (国内生产总值)进行回归分析得出：所选定的制度变量的四个方面与经济增长有十分显著的正相关关系。为适应我国经济建设实践的需要，我国许多学者学习和借鉴国外理论并进行理论研究，形成了一个相对完整的制造业产业转移创新模式。相关学者对制造业开放式创新及创新模式也进行了一定研究，陈钰芬和陈劲(2013)认为，开放式创新模式也是通过内外部创新资源的融合而实现的创新，尤其企业自身的技术完全可以通过外部途径来实现商业化的目的。王雎

(2015)认为,在开放式创新过程中,制造业中知识产权的占有是尤为重要的。在开放式创新过程中,企业打破了原来的知识产权独立的模式,而且在创新中寻求知识产权的联合。陈衍泰等(2016)针对企业的组织开放式创新文化支持度、市场导向以及不同创新程度分析其与创新绩效的关系。游达明、孙洁(2017)认为,开放式集成创新是现阶段提升我国企业创新能力的现实途径,运用 ANP 的方法构建了企业开放式集成创新能力评价体系。

在贸易制度对制造业开放式创新模式影响研究方面,孙海等(2018)认为,贸易制度与制造业开放式创新有密切关联,制度因素可以促进开放式创新,并通过自主创新将外部的技术转化为制造业企业自身的能力。李丹青等(2020)基于2009—2017 年规模以上工业企业的实证研究,分析了制度因素对企业创新效率的影响,认为贸易制度推动了制造业开放式创业模式的构建与完善。韩增林等(2021)认为,开放经济的增长绩效与一国制度质量存在复杂的内生联系,制度与劳动力、规模效应、技术等内生和外生相关因素综合影响着贸易的发展,指出制度质量已经成为新比较优势的来源,不仅影响现实中的贸易流量,而且决定着贸易结构和贸易模式,对制造业开放式创新等有重要影响。随后,国内很多学者在该方面进行了深入研究和分析。

上述研究具有启发意义,也是后续研究的基础,但也存在一定的不足。需要把国家贸易制度、外商投资与制造业开放式创新模式影响结合起来研究;研究使用的数据还不够全面,不仅需要来自政府的宏观统计数据,还需要收集更多直接来自企业与上市公司的数据进行实证分析,使得研究更具有说服力。本书力争在此方面加以突破和完善,丰富相关理论研究。

本章小结 ▶▶▶

本章主要对研究背景、研究意义和研究现状进行了分析,对当前国际贸易发展的时代背景进行了分析,并指出本书研究的理论意义和现实意义,使得研究具有一定的价值,同时对当前所面临的国内外研究现状和趋势进行了分析。

第二章

贸易制度与外商投资及开放式创新相关理论

第一节　贸易制度相关理论分析

一、制度的内涵和来源 ▶▶▶

新制度经济学最早从历史演进的角度探讨过制度对贸易的作用，指出制度可通过技术创新、人力资本、规模经济和交易成本等四个方面对各个国家之间的贸易与投资活动产生影响，其中很重要的一点是提出了“制度启动国际贸易”的命题。制度包括正式规则和非正式规则，涉及社会的游戏规则和参与人的博弈规则，是为规范人们的行为而设定的一些制约。正式的制度主要是指一系列法律和规则；非正式的制度主要是指一些非约束性的行为规范和惯例。正式制度可以通过强制诱变性加以改变，而非正式制度来源于文化传统，难以改变。20世纪80年代以来，中国通过对外开放参与世界经济贸易活动并积极吸引外商投资，产生了适应新形势的制度框架，并发现贸易制度对贸易交往及外商投资活动具有重要影响。有关贸易制度和政策的水平对外商投资有着促进或者阻碍作用。中国随着经济的发展，已经成为世界经济贸易舞台中不可缺少的重要力量，制度的变化对中国产业结构带来深刻的变革。在实践活动过程中，制度和政策对我国的对外交往活动以及封闭的经济带来重要影响。因此，很多经济学家都认识到制度因素对于一国贸易发展和吸引外商投资的重大作用。鉴于制度的重要性，我们下面对“制度”这一概念进行深入分析，以便更好地理解制度对一国贸易发展及吸引外商投资方面的重要意义所在。对制度的含义，不同学者都有着自己的认识和理解。正如青木昌彦所说，制度不能简单地理解为法律条文，也不能看作是契约或文件。对于制度的定义，很多学者根据自己的研究需要做出了不同的解释。哈耶克认为，制度是一种内生的“自发的秩序”。凡勃伦认为，制度是个人或社会对某事的一种思维习惯，制度会随着环境而变化。从心理学角度，可以把它说成是一种流行的生活伦理。

我们通过分析，把不同学者对制度的理解分为四类。

一是以康芒斯为代表，认可决策博弈中的参与人制度观。因而，早期的制度学者接受这样的思维习惯，认为制度就是一种组织机构，也就是说，行业协会、大学、政府及司法机构等就是博弈中的参与人。康芒斯认为，制度是大家所共有的原则，并使得个体行动受到控制。Schiultz 与 Ruttan 认为，制度是服务于制度供给者并管束人们行为的各种规则。

二是以诺斯为代表，认为制度就是“博弈的规则”。也就是说制度不仅是社会的博弈规则，还是人类制约人们行为的约束条件。诺斯认为，制度可分为正式制度和非正式制度。正式制度主要指一个国家的宪法和法律以及相关的产权制度等。非正式制度是指各种规范和人们的习俗。正式制度是强制性的约束规则，非正式制度是非强制性的约束规则。诺斯认为，生产、交换与分配的政治法律规则构成了制度环境，并促进合作与竞争，制度是通过行为规则来减少不确定性和交易费用。诺斯指出，我们可以借鉴国外良好的正式规则，但是如果非正式规则不能跟着及时有效地改变，那么新旧规则就会产生冲突，进而使得借鉴来的优良制度不能很好地产生效果。奥斯特罗姆和赫尔维茨也认可诺斯的观点。奥斯特罗姆认为，制度是用来制约人们相互行为的各种约束条件。赫尔维茨认为，对人们行动可实施的限定才构成制度。

三是以肖特为代表，他们认可制度均衡观念。制度是被社会成员认同的社会行为的规律性，它接受自我监督或者外部监督。莎格登等提出进化博弈论分析制度与参与人被同时演化，以进化博弈论来分析制度，将人视为有限理性的，在为利益博弈时会适应环境变化均衡状态而形成制度。诺斯、米尔格罗姆、格雷夫和温加斯特等提出重复博弈制度论，认为在博弈框架下，相互关联的制度就是预期和组织，并通过报酬来影响行为。

四是以青木昌彦为代表，提出了内生制度观。青木昌彦认为，制度的本质是对均衡博弈路径的一种浓缩性表征，制度制约着参与人的行为，并由决策所产出。这些学者很好地揭示了制度的内涵，从而使我们能更加深刻地认识制度的本质，更加重视制度产生的重要效应。

关于制度的来源，有多种分类。从内生制度与外生制度角度来看，内生制度是特定环境下自然生成的制度，而外生制度是指通过制度移植等非自然方式产生的制度。对于实现某个政府目标来说，内生制度与特定环境的摩擦成本较小，有效性较大；外生制度摩擦成本较大，有效性较小。因此，贸易政策在自身制度和从外引进中看，本土培育的贸易政策要优于境外移植。也就是说，不见得照搬国外先进模式就能成功，毕竟国外先进模式和贸易政策不见得与本国经济环境适宜，如果达不到效果，自然就难以促进贸易增长。

从渐生制度与激生制度来看，渐生制度是通过渐进的变革逐渐形成的制度，激生制度是通过激进变革形成的制度。渐生制度与特定环境的联系较多而有效性较大，激生制度与特定环境的联系较少而有效性较小。因此，贸易政策最好是在经济活动发展过程中不断得到优化，这比在变革之前就先变革原有的贸易政策效果要好。

从强制制度与诱致制度来看，强制制度是政府主导的自上而下进行的制度变迁，这种制度安排力量大，制度推动力度大，政府权威使得制度能有效运行，但强制制度有可能不符合现实制度环境导致效率低下。该制度变迁不是利益主体由重复博弈产生，决策者会利用制度供给为自身牟利，出现“搭便车”的现象。诱致性制度变迁是自下而上的一种变迁，诱致制度的有效性比强制制度的要大，其贸易主体更具激励和沟通的意识，产生的作用要好于强制制度，微观行为主体有自下而上产生制度的需求，影响决策者制定更好的制度。制度如果出现了非均衡状态，就有可能出现制度变迁的动机。

二、制度相关理论 ▶▶▶

(一)制度与经济增长理论

传统经济增长理论具有其自身的狭隘性，新制度经济学家重视制度的内生作用并认为其极大影响经济增长。从传统经济学角度分析制度与经济增长的联系，发现资本、技术及劳动力是经济增长的三个要素，这些要素主要取决于历史初始值及演进路径参数。然而，历史初始值及演进路径参数由什么因素决定还不清楚。诺斯和戴维斯认为，追求收益最大化是推动制度变迁和技术进步的主要因素，促进或推迟制度变迁和所预期的成本与收益相关。当预期收益大于预期成本时，人们才会去推动制度变迁。诺斯和托马斯在《西方世界的兴起》中主张从社会制度变迁来寻找经济增长的影响因素，认为经济增长的关键因素是制度，有效的制度能发挥人的创造力，促进经济增长。

制度变迁是从均衡到不均衡最后又形成均衡的演变过程，现有的制度无法保障预期的利益得以实现时，新的制度就会形成并取代不能实现利益的旧制度。

只有制度安排有效率,经济增长才能持续。诺斯和托马斯认为,如果在制度上有清晰产权,就会产生有效率的组织,形成一种激励效应带,使私人收益与社会收益相接近。诺斯分析了制度的供给与需求,认为制度均衡的条件就是制度的供给等于需求,新制度的基本原则是个人收益率接近社会收益率。格雷夫认为,好的制度可以增加人力资本,并使有用的知识促进生产。好的制度还可使人口增长率得以持续,并增进社会福利。这种从外部环境出发的范式,阐明了制度对经济增长具有重要的推动作用。

在一般情形下,好的制度有利于经济增长,但是有效的经济制度也不见得能发挥很好的效果。如果只是盲目借鉴发达国家的经济制度,不一定能达到预期目的。有的国家借鉴了发达国家的先进制度经验,最后还是没有实施成功,其中很重要的原因是没有使得正式制度和非正式制度保持一定的一致性,只有两者协调一致的时候,才能促进制度的有效实施。各国国情不同,对正式制度的学习不一定能与非正式制度协同发展,因为正式制度可以通过短期学习获得,但是非正式制度是隐性的,其演化与改进需要经历一个长期过程。即使从外国学到正式制度,但本国非正式制度难以改变时,新旧制度就会产生冲突,使得新借鉴来的制度难以奏效。制度本身是博弈规则,是参与人之间的策略互动的一个均衡结果,一个社会的意识形态及历史都会影响制度。

(二)制度变迁三阶段论假说理论

杨瑞龙(1998)提出制度变迁三阶段论假说,他认为制度变迁渐进过渡的路径先是从供给主导型制度变迁方式开始,也就是第一阶段;之后逐渐变迁转变,达到第二个阶段,也就是中间扩散型制度变迁方式;最后就是第三个阶段,即需求诱致型制度变迁方式。中国现阶段进行的是渐进式改革,主管部门在第一阶段是国家权力中心,以主导者的能力来进行制度安排,决定制度变迁方向。供给主导型制度变迁方式具有制度改革与试点的特性,能够组织资源推动改革进程,而且这种方式的好处在于能够以较低的摩擦成本来进行,这在促进市场化改革方面有着积极的作用。

制度变迁的平衡取决于不同经济主体实力的对比,“第一行动主体”的思路观念发生改变后,必然会产生对新制度的需求;当微观主体成长起来,并逐渐成为市场机制的推动力,微观主体成为主导者,会使我国制度变迁从“主导变迁型”朝着“中间扩散型”和“需求诱致型”转变。制度利益主体的不同会带来不同的制度变迁模式。制度变迁的主体在发生变化,随着制度变迁模式的变化,制度创造者由第一阶段的国家主导型向第二阶段也就是中间阶段的地方政府主导型转变。随着市场机制进一步变化,最后阶段的主导者代表更广泛利益的微观个体。

(三)制度均衡与非均衡理论

制度均衡与非均衡是一个统一体。制度均衡是指行为均衡,制度非均衡则表明人们不满足现有制度,想改而未改的一种状态。造成制度非均衡有外部和内部的原因,社会收益与成本对制度需求有决定性作用,当个别收益和个别成本不一致,就有可能会造成制度需求和供给的矛盾。制度均衡还是一种双适态,即两种制度之间不相互排斥,而是相互协调,任何个人都不会促使现有制度改变。若两者出现互斥现象,就产生了制度非均衡。制度非均衡是制度供给不足或者供给过剩,制度变迁会经历制度僵滞到制度创新,直到制度均衡。制度均衡是制度供给与制度需求相等的一种状态,也就是人们对制度安排的一种满意状态。一项制度选择是人们权衡成本-收益所选择的结果,制度选择的前提是制度安排带来的净收益大于零。在出台某项制度时,存在符合同样条件制度的集合,许多制度安排收益均大于零。当人们在可供选择之列选择一种制度结构时,需要进行成本-收益分析,对不同制度安排净收益进行比较,选择净收益最大的制度。制度均衡应满足两个条件:一是制度安排净收益大于零;二是制度安排净收益最大。制度均衡处于博弈活动之中,其影响因素有很多。制度均衡是一种理想状态,在实际生活中,制度状态一般偏离制度均衡,这也可以解释为什么不同国家和地区的制度和经济发展具有很大差异性。制度均衡从实质上讲,就是制度达到了"帕累托最优"。制度变迁可以说是"帕累托改进"过程。制度均衡类与"帕累托最优"都是制度安排达到了理想境地。

制度非均衡体现出人的主观意志性,是对制度的不满意且欲改而未改的状态。不满意是由于制度安排净收益比其他制度安排要小,现行制度结构在制度集合中不是最优,在出现了新的获利机会时,会有新的制度产生。制度非均衡是制度供给与需求不一致。制度具有公共品属性,"搭便车"现象很好地解释了制度供给不足。内部因素导致制度非均衡的出现。制度非均衡会促进制度变迁。国际环境的变化及体制的改变使得制度安排难以实现净收益最大化,进而产生制度创新需求。可以认为,制度非均衡有两种基本形式:一种是制度供给过剩;另一种是制度供给不足。当制度供给不足的时候,就会有产生潜在利润的可能,人们可以通过制度创新来弥补这种不足,并不断提高经济效率,还有就是进行"帕累托改进"。当制度供给过剩出现的时候,也会存在潜在的利润。

三、贸易制度相关特性分析 ▶▶▶

贸易制度的有效性是指贸易制度对于贸易群体的行为发生影响的效力,可以从贸易制度的质与量进行分析。从质的方面看,就是某种特定的贸易制度能否对人的行为产生具体影响的效力；从量的方面看，就是贸易制度对人的行为产生影响效力的大小。具体来说，就是制度有效性有无的问题和制度有效性大小的问题。从一般角度来讲，任何一种制度的制定和产生，都或多或少会对人的行为产生一定的现实影响，无非就是强弱或者隐显性之分。根据有效性的性质来分，贸易制度的正有效性是指贸易制度对人产生了积极影响，而负有效性则是指产生了消极的影响。根据有效性的程度来分，贸易制度强有效性指制度对人的现实行为影响较大，而弱有效性指贸易制度对人的现实行为影响较小。还可以根据贸易制度效力进行划分，即有效贸易制度与无效贸易制度之分，有效贸易制度并不一定指制度对人的具体行为产生了何种实质性的影响，只不过是说对人产生的这种现实影响与初始预期值相比较来说，是基本相符的，或者说是正的影响和相对较大的影响而已。无效贸易制度也不是说贸易制度对人的贸易交往和行为不产生任何影响，而是说这种影响为负，或者即使为正也是很小的，还有就是可能对人的行为产生的影响与预期值不相符而已，再说，对人的行为不产生任何影响的制度是很少的。另外，要说明的是贸易制度的有效性也是相对的。在本文中，我们所分析的贸易制度的有效性是具体的，是指东道国的某项贸易政策对引进的外商投资及其行为主体产生的现实影响是否有紧密的关联性，这种影响程度有多大，还有就是这项政策制定及实施与政策制定者的初始预期是否相符合。马斯格雷夫的理论告诉我们，政府制定政策是优化资源配置和实现收入合理公平分配。由此可知，政府在制定贸易政策时，是为了该国能从制度中享受红利并使本国在贸易交往活动中实现利益最大化，要么就是扶植幼稚产业或者促进新兴产业的发展，还有就是对劣势产业加以保护使其不至于很快衰退，或者是通过政策制定以改善本国的国际收支，通过奖励出口，并在一定程度上限制进口的数量和种类以达到保护本国产业的目的。贸易政策或者制度的有效性还表现在，推出的这些贸易政策与政府的最终预期值有多大的吻合程度。可以从贸易政策的经济效应来分析贸易政策的有效性，主要就是看贸易政策推行后取得效益的高低，该贸易政策是否使政府预期的交易成本降低，贸易政策与生产力水平及外部环境是否相适应，贸易政策的效力有多大等。

贸易制度的合理性是看制度的内容是否与制度的内在规律相符合，我们基本的目的就是要求制度能够符合事实，也符合逻辑，同时也与最终的目的相符合。对贸易制度的合理性的判断标准，就是要看贸易制度或政策是否在形式上是合理的。贸易政策的规则具有相对稳定性，不会因时间和地点等外在因素的变化而发生变化；还有就是政策程序的合理性，它是制度合理性的基本标准，这意味着不管内容是怎样的，政策的制定是否公平和具有现实意义，也不管其逻辑是否前后一致，也不看它的形式是怎样的，如果它能够使政策在现实生活中在一定时间内的运行程序是合理的以及保持前后一致，那么这项制度总体上就是合理的，毕竟程序上保持一致的制度总比那些程序不规范以及政策经常进行变动的要好。政策合目的性是考察政策的信息反馈，把政策调控的结果与调控前所想达到的预期进行对比，并不断调节现实结果与预期目标的差距以使其逐步达到一致。政策合规律性就是考察政策的运行是否有其内在规律，这种运行活动是否与自然规律相符合，还有就是看其是否符合社会历史规律以及是否符合经济规律等。贸易政策是否是有效的政策，我们可以对该项政策实施的结果进行比较、检验和评价。还有就是，我们研究贸易制度的合理性，还要看这项贸易制度能否体现制度制定者所要达到的目的以及这项制度在现实生活中的运转是否符合经济规律和现实需要。

贸易制度的公正性是指当组织面临多种政策选择时，什么样的政策能让大多数人认同和接受。美国亚当斯于 1965 年提出的"公平理论"重点研究工资报酬分配的公平性与合理性对人们工作积极性所产生的影响。贸易制度需要大多数行为主体的价值观来对行为进行规范，使得成员的基本权利得到保障，使利益分配更加合理，让相关行为主体获得相对公平的机会，并通过遵守制度使得自己的付出能得到认可，减少不平等的待遇。贸易制度的公平性还应是在执行和遵守制度后，利益相关者的收入与付出能够对等，所做出的贡献与所获得的报酬相匹配，每个成员在制度的框架内都有平等发展的权利。当然，这种平等与公平也是相对的，毕竟，在现实生活中，由于个体能力的差异，以及制度有其不够完善的地方，一些不公平的结果会时有发生。但是这种不平等不能扩大化，必须控制在一定的范围之内，公平的制度就要尽量减少不平等与不公平事件发生的概率。还要防止在政策执行过程中产生以权谋私的行为，甚至形成垄断和独断专行的情形。贸易制度的有效性与公平性是成正比的，制定政策时需要使制度变得高效，促进制度更加公平、合理和完善。

贸易制度的稳定性是指尽量使整个社会的贸易制度稳定与和谐运转，并减少各种不确定性造成的影响，使得贸易制度起到市场稳定器的作用。整个社会体系都处在稳定和不稳定的循环中，世界充满不确定性。我们制定贸易制度，贸易制度能降低不确定性，并对经济运行起到稳定作用。但是贸易制度自身也有不稳定的一面，贸易制度也不是一成不变的，也需要根据实际贸易往来情况的变化做出适当的改变和调整。制度本身具有"虚弱性"：完全合理和不变的制度是没有的，或者根本不存在。我们之所以研究和关注贸易制度的稳定性，是因为人类生活需要有一个稳定的制度作保障，而且需要贸易制度建设使经济增长不至于停滞，并能对外界的冲击有更强的抵抗力。正因为制度稳定性的重要，世界各国在制定贸易制度时，非常注重制度质量和效率。在贸易制度研究领域，学者更多是在制度质量视角下研究贸易政策稳定性，大多集中在宏观经济政策方面，对贸易政策方面的制度质量研究不多。对于贸易政策，如果缺少稳定性，就不会达到引进外资并促进经济增长的预期效果。对中国来说，贸易制度和政策需要稳定，但是随着改革的进行和外商投资的影响，又需要不断进行完善，以适应国内微观竞争和宏观管理的客观需求，提供一个稳定的贸易制度作保障，促进外商投资和制造业持续稳定均衡发展。

贸易制度具有激励性。一是有效贸易制度的劳动激励效应。有效贸易制度不仅具有资源配置效应和经济创造效应，还具有吸纳效应，能给国家带来经济收益，给老百姓带来正福利效应，同时还能提高居民收入。例如关税减让政策，该优惠政策有利于贸易经济的发展。对经营贸易公司来说，关税税率下调，也就是降低了进口成本，从而增加了利润。还有就是提高了企业在国际市场上的出口竞争力。关税减让还能带来外资技术引进，对激发劳动潜力也很重要。二是有效贸易制度的促进投资激励效应。贸易制度和政策主要由关税政策、汇率政策、进出口贸易政策和对外投资政策等组成。随着经济的不断发展，并加快融入全球经济体系，我国制定的一系列贸易政策，极大地促进了外商在我国的投资，吸引了大量的海外资本、技术和人才进入我国，对我国经济和贸易发展带来巨大的激励效应。

贸易制度的协同性既是同一制度或政策体系内部各要素之间的相互协调，包括政策目标和经济手段的协调配合，也是该制度与其他制度之间的协调。贸易制度不是一种独立发挥作用的制度，而是在国家大的方针政策和制度体系里产生作用的。协同性越好的制度，其稳定性和功效才越好。外商投资其实也是一种制度安排，贸易制度制定后只有和外商投资协同发展，才能更好地促进东道国经济的增长，并产生积极的政治和经济效应。因此，一项贸易制度的制定和实施也离不开其他方面的支持，也需要其他相关制度和政策的支持和配合。只有相互支持并协同发展的制度才能更富有生命力，也才能更加持久。如果离开系统其他制度和环境的支持，再好的制度也可能不稳定或难以很好运行。一项政策既有其运行的时间效应，也有其空间效应，还不能与其他制度体系相抵触，否则的话，就可能造成其他制度的功能紊乱，最终导致整个制度体系的瓦解。

四、贸易制度指标体系分析 ▶▶▶

(一)政府干预程度指标

政府干预程度用 GI 表示，最低分值为 1 分，说明该国政府对经济的干预程度低；最高分值 5 分，说明该国政府对经济活动采取积极的干预措施，也就是说干预程度高。GI-D 为 GI 值差异绝对数，分数越高，表明政府采取严厉监管措施，政府的开支也会相应增加，用于社会的各项开支和费用也会增大，在社会经济活动消费中所占的比重大。政府实施了严格的措施对市场经济活动进行管制，国有企业的收入相比来说占政府收入达到了很高的比重。相反，分数越低，表明政府基本不干预经济活动，或者说对经济的干预程度很低，政府对市场经济活动总体上持自由放任的态度。这样，整个经济社会中，政府和国有企业在社会中的消费比重低，外资和非国有企业则占有很高的比重。

(二)贸易自由化程度指标

贸易自由化程度指标用 TP 表示。按照分值表示，TP 的分值由低到高，分别是 1 分、2 分、3 分、4 分和 5 分。最高分是 5 分，用来表示自由化程度低，而对应的就是贸易保护程度高。最低分是 1 分，用来表示一个国家的贸易自由化程度和水平高，对应地，贸易保护程度就低。也就是说，一个国家的贸易自由化程度和该国的贸易保护程度成反比。TP-D 表示为双边贸易国 TP 值差异绝对数。当一国贸易自由化程度高，我们就认为该国的关税税率是比较低的，并且非关税壁垒等保护措施也是比较低的。如果分值是 5 分，我们就可以认定双边有严重的贸易保护，该国政府在进行双边贸易时，对他国采取征收高额关税，同时也对外设置高关税壁垒，还有可能对进口产品采取其他诸如绿色壁垒及技术壁垒等一系列非关税壁垒措施。

(三)货币政策指标

货币政策也是一国很重要的经济政策。货币政策效果用 MP 表示，分值设置也是 1～5 分。最有效用货币政策用最低分为 1 分来表示；而最高分为 5 分，则说明该国货币政策失灵，基本没什么效果。MP-D 是表示贸易双边国家货币政策效果差异的绝对数。如果一国采取积极的货币政策，或者说效果越明显的话，那么该国发生通货膨胀的概率就极低，这个国家的总体经济相对稳定，所采取的货币币值及相关政策相对合理。如果货币政策失效，那么该国可能出现严重的物价上涨，并出现货币贬值，从而产生经济危机。

(四)政策松紧度指标

外资政策松紧度用 FI 表示。最低分为 1 分，表明该国对外资是持高度欢迎的；而最高分为 5 分，则说明该国对外资是抵制的甚至是采取禁止性政策。FI-D 为 FI 分值差异绝对数，分值越低，表明该国对外资政策越松。这样，相关政府部门就会采取积极的吸引外资政策，诸如减免税收政策，对很多部门和领域容许外资进入等，甚至采取奖励性措施鼓励外资经营活动。如果分值高的话，那么表示，该国政府不鼓励外资进入，并采取谨慎态度和限制措施，甚至实施严厉措施阻止外国资本进入本国国内市场。

(五)物价与工资控制程度指标

物价与工资控制程度用WP表示。最低分为1分,说明不仅物价控制程度低,而且工资控制程度也低;而最高分为5分,则说明政府无论对物价还是工资都有着严格的控制。WP-D为WP值差异绝对数。当政府对物价与工资持较低的控制时,则说明工资由劳动力市场决定,物价也是由市场机制来决定;当分数越高时,表明政府对工资控制和监管程度高,对日常物价也采取了严格的管理措施。

(六)贸易增长程度指标

贸易增长程度用ID表示。最低分为1分,则说明该国的对外贸易发展迅速,增长速度也很快;最高分为5分,则说明该国的贸易发展缓慢,贸易增长速度不高。ID-D为ID值差异绝对数。当一国经济发展较好时,对外贸易形势就趋好,进出口贸易额增长迅速,所获得的外汇收入就会很可观,进出口贸易中会出现顺差;如果贸易增长程度低,则说明进出口贸易增长缓慢,整体贸易状况不佳。

(七)贸易结构升级程度指标

贸易结构升级程度用CU来表示,最低分为1分,则说明该国的贸易结构升级速度很快;最高分为5分,则说明该国贸易结构需要调整,或者贸易结构调整和升级速度缓慢,需要加快调整步伐。如果贸易结构合理、升级较快,那么进出口贸易结构也会相对合理,在国际市场上的竞争力也会更强;如果一国贸易结构不合理或者升级较慢,则会导致技术水平不高,从而影响国际竞争能力。

(八)市场行为规制力度指标

市场行为规制力度用IM来表示。最低分为1分,则说明市场经济活动中的行为规制力度很大;最高分为5分,则说明不规范交易行为频繁,甚至有黑色交易行为,市场行为的规制力度非常低。IM-D为IM值差异绝对数。如果社会上的市场行为规制力度很低,那么市场会出现混乱,扰乱市场政策秩序,还有可能非正式交易比正式交易更盛行;如果市场行为的规制力度很高的话,人们的日常交易都按照法律规制进行,社会日常经济秩序正常。

五、贸易制度变迁动因分析 ▶▶▶

(一)贸易制度变迁的内涵

贸易制度变迁是指在内外部因素的促动下使得新贸易制度产生或对旧贸易制度进行改变与扬弃的一系列过程,也可以说是新旧贸易制度进行更迭、转换和替代的过程。演化论对制度变迁也有自身的认识,贸易制度变迁被看作是贸易制度由低级向高级进行演变的客观规律。我们在前面探讨过贸易制度的稳定性,因为制度是相对稳定而不是绝对稳定的,也就使得我们更好地理解贸易制度变迁不是一成不变的。诺斯(1994)对制度变迁有着自己的认识,他将制度变迁概括为一种“制度创立与变更以及随时间变化而被打破的方式”。贸易制度是随着人类的贸易活动以及环境的改变而不断进行调整和完善的，特别是当今世界变化日新月异，各种新的事物不断涌现，人们认识世界的能力和水平也在不断改进和提高，这就要求人们不断制定新的贸易规章制度来规范和约束人们的行为，或者说是指导人们的贸易往来活动朝着更合理的方向转变，这就使得原有的社会制度或者其他已经制定的各项制度可能由于时代的变迁而不再适应当今生产力的发展。我国学者卢现祥(2004)对贸易制度变迁也有着自己的认识，他认为贸易制度变迁应当被看作是一个社会选择的过程，是社会各种规范体系不断演变的通称。这些变化包括选择、创造、新建以及优化等一系列过程，还有就是包括贸易制度本身的调整、完善以及改革与更替等过程。他还提出贸易制度变迁有两大内容：一是贸易制度创新问题，就是如何产生新的制度安排；二是贸易制度转型问题，就是怎么安排旧贸易制度向新贸易制度过渡。贸易制度作为国家对外贸易交流的重要制度，需要在改革开放和对外交流进一步加深的大背景下进行不断优化和调整，以更好地促进我国对外贸易的健康发展。

(二)贸易制度变迁动因分析

1.要素相对价格的变化

诺斯认为，一个国家的要素与资源是在不断变化着的，同时也是相对来说的。这种相对价格的变化从历史发展的角度看，是国家制度变迁的主要原因。要素相对价格变化有几个方面，主要是土地与劳动力要素比率的变化，还有劳动力与资本的变化，资本与土地要素价格比率之间的变化，以及信息成本和技术之间的变化等。随着要素价格的上升，一些要素所有者会比其他所有者收获的利益更多。还有就是不同组织会对外界因素的影响做出积极的反应。要素相对价格的变化使得原有组织在谈判过程中的地位发生了改变，诸如土地与劳动力这两个要素，当它们的相对价格发生改变时，具体来说，当人多地少时，拥有土地的主体在谈判中具有更高的地位；相反，当地广人稀时，拥有劳动者的一方就会具备更强大的谈判力量。所以，当出现灾疫的时候，统治者一般会出台休养生息的政策。相对要素价格的变动会对原有贸易制度起促进作用，使其产生一定的变化，最终使得贸易制度发生变迁，并向更为高效的制度激励机制转变。也就是说，这些要素价格变化会改变人们行为的模式，进而改变贸易制度构成，促进贸易制度变迁。

2.技术的不断创新

一些学者主张技术的创新决定着制度的变迁。马克思很早就认识到技术与制度变迁的相互关系。在他的理论体系中，他认为生产力是事物发展的根本动力，生产力推动生产关系的发展，经济体制变迁影响上层建筑。生产力的发展促使技术不断变化和提升，并最终推动了制度变迁。一种新贸易制度的产生是在生产力和生产关系的矛盾统一体中得以实现的，那些适应新的生产力发展的新阶层与不适应新的生产力发展的旧阶层就会产生冲突，也就是新旧贸易制度的不同适应者之间的相互冲突，最终使得新生产力的代表者及其制度在斗争中获得胜利，并进一步推动生产力的发展和制度变迁的实现。凡勃伦和阿里斯(1945)认为，新技术的产生会影响制度安排，一些旧有的惯例就会阻碍变迁的发生。他们在各自的学术研究中主张技术是推动经济增长的动力，也是推动制度变迁的重要因素，技术的不断创新导致制度变迁的发生。从历史发展的角度看，会形成一个规律：技术的创新和贸易制度的变迁联系密切，两者之间是一种正相关关系，新的技术会推动生产力的发展，并催生新贸易制度的产生，进而促进贸易制度变迁。技术创新制度安排的效率更高，一方面，技术创新导致规模报酬递增，使贸易制度创新者获得更高的收益；另一方面，可以使贸易制度变迁中产生更小的交易成本，进而使经济运行成本降低。

3. 国家经济的增长

一国贸易制度随着历史的发展会发生变迁，而这种变迁是国家经济的增长导致的。舒尔茨(1968)在这方面进行了一定的研究，他在《制度与人的经济价值的不断提高》一文中对国家经济增长与制度变迁的相互关系进行了分析，指出了国家经济增长在制度变迁中所起的重要作用。一国贸易制度具有经济价值，是一种价值的供给，相关贸易制度是内生变量，经济增长的发展会促使贸易制度变迁。舒尔茨在他的文章中对不同制度变迁进行了具体说明，指出大多数制度变迁都可以用该经济理论进行解释，但是有些制度变迁不能得到很好的说明，对那些由于国家经济增长而导致的制度变迁才能很好地发挥理论作用。还有些制度变迁对经济增长的依赖程度不大，无须用经济增长来解释，这同时说明了该理论所存在的局限性。国家经济增长对贸易制度变迁带来重要的影响，国家经济增长与贸易制度变迁之间存在深层次内在联系，国家经济增长是推动贸易制度变迁的原动力。

第二节　外商投资相关理论分析

一、西方发达国家传统的外商直接投资理论 ▶▶▶

外商直接投资(FDI)理论是随着世界各国贸易交往活动的开展而逐渐产生

的。大约在15世纪,世界上就出现了外商直接投资活动。1960年,美国学者海默在其博士论文中以FDI为研究对象,从而标志着FDI理论的诞生。外商直接投资理论是50多年来国际贸易领域重要的研究成果之一。20世纪60年代,世界对外投资活动及跨国公司的发展,使得西方学者注重从不同层面和不同角度对外商直接投资活动进行理论研究和实证分析,形成了一系列外商直接投资理论,对国际贸易领域产生了重要影响。

(一)垄断优势理论

垄断优势理论是美国学者海默于1960年在他的博士论文中首先提出来的,最早独立研究外商直接投资理论,他以垄断优势理论来解释外商直接投资。之后金德尔伯格等学者对该理论进行补充和完善,使得垄断优势理论为国际投资理论打下基础。海默认为,跨国公司的垄断优势是外商直接投资的决定因素,资金实力雄厚又拥有先进技术和管理经验的大公司可以率先从事外商直接投资活动,后来经发展成为"海默-金德尔伯格理论"。一些西方学者诸如Caves(1971)的"产品差论",还有Johnson(1970)和Magee(1977)的"占有能力论",以及Cker(1973)和Craham(1978)的"寡占反应论"等理论,进一步丰富了海默的垄断优势理论。

(二)内部化理论

内部化概念是由美国的科斯率先提出来的,后来英国学者Buekley和Casson及加拿大的Rugman把该概念与对外直接投资相结合,从而创建内部化理论。前两位英国学者在《跨国公司的未来》中解释了内部化理论的主要内容,并以市场不完全性作为基础,将外部市场进行内部化,使跨国企业拥有一定的垄断优势,从而能够更好地实现内部化经济效益的最大化。内部化可以有效克服中间产品市场失效的问题。内部化理论还能对外商直接投资与贸易障碍的关系进行有效的分析和说明,该理论的不足之处在于不能对内部化表现为跨国界行为进行有效解释。

(三)国际生产折中理论

国际生产折中理论是英国经济学家邓宁提出来的,该理论借鉴了垄断优势论的精髓,并吸收了内部化理论的优点,引入区位理论创建而成。该理论指出,跨国企业由三种优势决定来从事国际生产。第一种优势是所有权优势,包括独占无形资产所产生的优势以及企业规模经济所产生的优势;第二种优势是内部化优势,通过公司内部市场来取代外部市场的方式,降低交易成本以保留所有权优势;第三种优势是区位优势,是指要素禀赋所产生的优势以及政治经济制度、优惠条件等形成的优势等。国际生产折中理论运用优势组合使跨国公司灵活选择进入国际市场的方式。邓宁完善了国际生产折中理论,并把国际生产分为市场寻找型、资源寻找型以及效率寻找型等三种类型。该理论对各种外商直接投资理论具有高度概括性和兼容性,克服了之前一些理论的局限性,解释了跨国公司选择进入不同国际市场的方式,以及跨国直接投资与其他投资方式之间的关系。

(四)产品周期理论

美国学者弗农于1966年提出了生命周期理论,分析企业FDI与产品生命周期之间的关系。他把产品周期分为创新、成熟以及标准化三个阶段,并认为在不同阶段可以采取不同的投资战略。在创新阶段,研发成本高,产品不成熟,消费者主要是高收入群体,企业的生产主要倾向于国内;在成熟阶段,产品技术扩散,竞争日益激烈,相关竞争者纷纷加入,跨国公司进行FDI更有优势,大公司寻找海外相同需求类型国家进行投资;在标准化阶段,主要是价格竞争,技术退居次席,公司把生产转移到劳动力成本更低的国家,发达国家成为产品进口国。弗农引用寡占行为进行完善,重新分为创新寡占、成熟寡占及老化寡占等三个阶段,依据阶段的不同,采取相应策略来建立垄断地位。

(五)比较优势理论

比较优势理论是日本学者小岛清提出来的,他将国际贸易理论与FDI理论进行融合,创建了具有本国特色的比较优势理论。他指出,不同的投资动机会导致FDI有不同的产业和方式,投资活动应从本国处于比较劣势的产业进行,把本国已趋于比较劣势的产业通过外商直接投资逐步向国外转移。这一理论进一步丰富了国际投资理论的内涵。虽然各种理论都有其自身的不足,而且随着时代的发展,已得到了各种补充,但是从现在的世界贸易发展趋势来看,这些理论依然有一定的生命力,对国际贸易活动依然有着重要的指导作用和现实意义。

二、发展中国家外商直接投资理论 ▶▶▶

(一)小规模技术理论

随着国际投资的迅速发展,发展中国家也纷纷进行国际投资活动,使得一些学者开始关注发展中国家外商直接投资理论的研究。从20世纪70年代中期开始,一些学者针对发展中国家FDI提出相应理论。美国教授威尔斯于1983年提出了“小规模技术理论”,该理论被学术界视为研究发展中国家对外跨国投资的开创性成果。该理论认为,发展中国家跨国公司拥有小规模制造技术,这些技术相对于发达国家的先进技术而言却正是自身特有的优势。这些技术优势体现在:劳动密集型强,灵活性高,适合小批量生产以及相对狭小的市场;发展中国家的公司在进行跨国投资中,拥有在当地采购特殊产品以及实施低价产品营销战略的优势。小规模技术理论告诉我们，跨国公司在技术不够先进、经营范围有限以及生产规模较小的情形下，可以通过外商直接投资同其他国家参与国际竞争，这一理论对于发展中国家的企业开展外商直接投资具有重要的意义。

(二)技术地方化理论

技术地方化理论是英国学者拉奥于 1983 年提出来的，他对印度跨国公司的竞争优势以及开展国际投资的动机进行了分析，并由此创建了技术地方化理论。该理论认为，第三世界跨国公司在技术要素这一方面，相比发达国家来说，自身的技术特征表现为产业规模小、劳动密集型生产、技术标准还不高，但是在这中间包含着企业自身独特的创新活动，因而也拥有自身的“特定优势”。该理论强调发展中国家的公司不能被动和盲目引进发达国家先进技术，而要进行消化、吸收和创新。而技术创新活动又能使引进的技术更好地发挥功效，并给企业带来新的竞争能力，从而使发展中国家的公司在国际投资活动中具有竞争优势。

(三)技术创新产业升级理论

技术创新产业升级理论是由学者坎特威和托兰惕诺于 1993 年提出来的。他们关注到那些在 20 世纪 80 年代中后期的新兴工业国家(地区)，并深入研究这些国家对发达国家开展的外商直接投资活动，并由此创建了技术创新产业升级理论。该理论认为，发展中国家在吸引 FDI 的时候，应该对引进的外资所拥有的技术加以吸收和消化，并进行改造和创新，使得这些技术为本国企业所有，从而有利于提高本国企业的竞争实力。该理论指出，企业技术能力的提高需要一个漫长的积累过程，技术的提升与该国开展外商直接投资的增长紧密相关。发展中国家在开展外商直接投资中，其产业分布和地理分布也会随着投资活动时间的推移而发生改变，从而使得技术引进活动对发展中国家的产业转型和升级具有积极的推动作用。

随着世界经济贸易活动的进一步深化，相关理论研究也在进行之中。除上述理论外，还有一些学者就发展中国家外商直接投资活动的某一个具体方面展开研究，这样就相继产生了市场控制理论、提升公司形象理论、分散风险理论、国家利益优先取得理论等一系列新的理论。这些理论有共同之处，就是注重强调某种因素对于发展中国家开展外商直接投资的影响。虽然分析方法单一，并缺乏系统性的理论研究，但是这些理论的发展，对解释发展中国家在开展对外直接投资活动中所出现的各种不同问题具有一定的积极指导意义。

三、外商直接投资进入方式理论 ▶▶▶

(一)交易成本理论

交易成本理论为外商直接投资进入方式的选择提供了积极的指导意义。该理论主要包括以下几点。第一，由于存在有限理性和机会主义，就会导致市场失灵出现，继而产生交易成本，因此，跨国公司在向国外进行资产投资和转移时更愿意选择控制程度较高的占股结构。第二，东道国的市场规模及商业潜力对跨国公司的占股偏好有重要影响(Buckley&Casson，1996)。因此，在进行跨国投资进入规模较大市场时，跨国公司更愿意选择控制程度较高的股权控制。第三，文化差异。跨国公司与所要进入的东道国的文化差异越大，那么该公司实施管理策略就越难，而且还要付出更多的时间和精力来适应文化差异。第四，较高的资金密度要求对跨国公司的扩张需要做出更高的资源承诺。跨国公司投资规模越大，越愿意选择控制程度较低的股权控制。第五，跨国公司经营年限越长，越容易收回投资并最终盈利。因此，跨国公司在投资活动中倾向于选择较长的合作年限。Anderson 和 Gationgnon(1986)在运用交易成本理论的基础上，指出了跨国公司直接投资所进入的模式框架，总结了决定交易成本高低的主要因素。库古特和塞恩(1988)通过研究发现，投资国与东道国的文化差异与其沉没成本成正比。

(二)谈判力量理论

谈判力量理论认为，跨国公司与东道国的谈判力量决定了其投资占股比例，跨国公司选择的进入模式是由跨国公司、东道国政府与当地合伙人通过讨价还价决定的(Kobrin，1987)。跨国公司的谈判能力随着其带给东道国更多利益而提高，并与东道国市场吸引力成反比。该理论强调影响跨国公司进入模式的重要因素是东道国对于跨国公司股权水平的管制。随着跨国公司谈判能力和追求高股份愿望的加强，其海外投资公司的股份也会跟着增加。外资谈判力有两个重要影响因素：一是东道国对外资的需求程度；二是投资承诺的合资期限。外资在投向发展中国家的长期的基础设施方面有更大的谈判力，还有为分散大型项目所带来的风险，外资企业倾向于与多个伙伴进行合资经营。盖挺能和安德森(1998)认为，当合资企业份额大时，占额少量股份就能在多个伙伴中处于控制和主导地位，其谈判能力也强。高孟斯·凯撒斯(1990)认为，合资企业所占股权结构是各方协商谈判的结果，所有权谈判受东道国政府、跨国投资方以及当地伙伴谈判力等因素的影响。

(三)战略行为理论

战略行为理论认为,跨国公司投资活动所选择进入方式取决于其发展战略的需要,跨国公司所实施全球战略的重要控制手段就是股权安排(Hill,1990)。跨国公司为了整体协同效应,对子公司进行较高水平的控制,其战略越明确,则控制越强。科格特认为,跨国公司选择进入方式还要考虑竞争因素,在考虑进入方式时不仅进入成本要低,还要最大限度地增强自己的竞争地位,以便获取更多的利润。纽曼认为,国际投资战略重点是寻求特殊优势,并把具有长期发展潜力和优势的国家作为投资目的地,跨国公司的主要挑战是增强其在世界范围的经营实力从而获得竞争优势。曼斯菲尔德指出,跨国公司对外直接投资需要继续保持自己的技术领先优势。战略行为理论研究了竞争优势和超额利润,分析了如何采用兼并收购或战略联盟方式进入投资地,这些研究理论对我国跨国公司进入世界市场也具有重要意义。

(四)托宾 Q 理论

跨国公司在进入他国市场时,还必须考虑建立方式的选择问题,即进入东道国市场是采取绿地投资新建企业的方式,还是采取兼并或收购的方式。美国学者 J. 托宾的 Q 理论做出了很好的解释,指出了企业是并购还是绿地投资的选择标准,其 Q 值就是企业盈利率与筹措资本所需费用利率两者间的比值。$Q>1$,选择并购方式进入;$Q<1$,选择绿地投资方式进入。日本学者原正行在托宾 Q 理论的基础上进行了进一步分析,提出跨国并购和绿地投资之间的选择标准,将外商直接投资划分为三种类型并展开分析。托宾 Q 理论在外商直接投资进入方式方面做出了贡献,提供了新建与并购的选择标准,但该理论表述较为简单,对东道国市场情况和技术状况等考虑不够,跨国公司的类型不同,或者跨国公司的战略不同,其都会对新建还是并购有不同的选择。

四、外商直接投资理论相关研究 ▶▶▶

随着世界贸易和国际投资活动的进行,一些有实力的跨国公司在全球范围内大规模进行投资活动,各种新的外商直接投资方式也在出现,这促使外商直接投资理论研究在不断深入发展和更新。除了前面介绍的外商直接投资理论之外,还有投资诱发要素组合理论、波特竞争优势理论、纵横向一体化投资理论以及跨国公司全球战略理论等。这些理论都偏重于对国际直接投资行为微观层次的研究,再结合国家产业的宏观环境分析来探讨跨国公司进行国际投资的动机和原因,以及进行投资活动所具备的条件和投资流向等。这些研究活动,从不同层面解释了当前外商直接投资领域所出现的新现象以及国际投资活动新的发展趋势。因此,这些研究活动具有一定的科学性和创造性。

上述理论对外商直接投资做出了一定的分析,对外商直接投资理论也做出了贡献。但是这些理论,包括以产业组织理论和国际贸易理论为主线的相关理论,都存在各自的不足和局限性。海默的垄断优势理论对外商直接投资理论的最大贡献是其研究的开创性。海默对外商直接投资中垄断优势的研究改变了研究跨国公司的理论基础,揭示了发达国家跨国公司与发展中国家跨国公司相互直接投资的内在动因。但该理论缺乏动态分析,不能解释具有绝对优势的发展中国家跨国公司如何开展外商直接投资。内部化理论分析了跨国公司进行外商直接投资的动因,开辟了外商直接投资理论的新领域。但该理论没有说明企业开展外商直接投资的原动力,不能解释外商直接投资的海外生产布局和区位选择问题。国际生产折中理论是最完备和最具有解释力的国际生产综合理论之一,而且被学界誉为"国际生产通论"。该理论所提出的跨国公司的三大优势可以互相依赖和互相融合,但该理论没有解释三大优势的内在关系和动态发展过程。因而,外商直接投资理论需要不断在实践中进行发展和完善。

外商投资企业进入我国开展生产经营和投资活动,也使得我国成为吸引国外投资较多的国家之一。同时,我国国际贸易投资和招商引资活动的开展,为国内学者研究 FDI 提供了实践依据。我国学者在吸收借鉴国外学者研究成果的基础上,结合我国国情和对世界贸易领域发展的认识,做出了积极的研究和探索。刘跃生用国际价值规律来分析和解释国际投资规律以及外商直接投资理论。张二震、马野青等提出了贸易投资一体化理论,认为贸易投资一体化是当代国际贸易与外商直接投资高度融合即合为一体的国际经济现象。还有一些学者在发表的文章中也对外商直接投资理论和实践活动进行了分析和阐述。黄汉民(2003)在论新时期我国贸易政策的调整时谈到了贸易政策对跨国投资的影响。张华容(2006)对企业国际化理论进行了反思并探讨了其价值认识。张相文等(2010)论述了外商直接投资与中国出口集中化问题。潘镇、潘持春(2014)利用来自中国各地的经验证据,分析了制度和政策的影响因素以及外商直接投资的区位分布问题。邓明(2017)从东道国制度质量及国家间制度距离等方面分析了制度对发展中国家吸收 FDI 的影响等。随着世界经济贸易的发展以及世界各国学者对外商直接投资理论的研究,相信在不久的将来,有关国际投资和贸易领域的新理论和重要研究文献会不断涌现,这对于研究外商投资问题以及世界贸易和投资活动必将有着更重要的理论和现实指导意义。

五、贸易制度对外商投资的影响分析 ▸▸▸

国外学者在贸易制度对外商投资的影响方面进行了相关研究。从各种文献研究发现，大多数学者都认为一个国家的贸易制度建设对进入本国的外商企业具有很重要的影响，良好的贸易制度环境对吸引外商投资有积极作用，而不健全的贸易制度环境不利于引进外资。Dunning (1998)认为，跨国公司外商直接投资是一种时间较长和成本较高的资本投入，东道国贸易制度环境的好坏对外资企业运营的成败有着直接的影响。因此，如何选择合适的投资地是跨国公司外商直接投资的重要决策之一。Meyer 和 Nguyen(2005)认为，东道国贸易制度环境对于跨国企业有着运营风险，东道国如果在贸易制度上提供优惠政策，比如减免税收、资本自由转让以及准入限制放宽等优良制度环境会对外资企业有重要利好作用。Neumayer 和 Spess(2005)、Desbordes 和 Vicard(2009)，以及 Busse 等(2010)等学者研究发现，如果投资国与东道国签订有双边贸易协定或者存在双边贸易政策，则有助于东道国吸引外资，双边投资协定(BIT)能够有效保护投资产权，还能保障外资的公平进入。双边优惠待遇还有利于签约双方国家的贸易往来，这些都显示了贸易制度对外商投资进入东道国的重要意义。

中国的学者在贸易制度对外商投资的影响方面也进行了深入的研究。李宗卉和鲁明泓(2004)合作发表的文章中，对外商投资与税收优惠政策的相关性进行了深入分析，同时还进行了实证研究。他们运用 Panel Data 模型，对税收优惠政策在吸引外资有效性方面进行了实证分析和检验，证实了税收优惠政策是促使 FDI 进入东道国的主要因素。尚蕊(2007)分析了贸易政策中的汇率与外商投资相互关系问题，以及汇率与外商投资的相关文献，并构建计量模型进行实证分析，最后得出了相应的结论。尚蕊通过分析发现，从长期来看，人民币汇率的波动对外商资本的流动有重要影响，而短期内对外商投资的影响不明显。同时通过模型分析还发现，GDP 的波动比汇率的变化更能影响 FDI 的流入量。李俊平(2008)建立相关模型，对外商投资与税收优惠政策的相互关系进行实证分析，发现我国贸易制度中外商优惠政策对吸引外商投资有着重要影响。黄汉民(2016)认为，中国的贸易制度及贸易政策必须深化改革，构建适应经济新形势的高效贸易政策体系，并提升和改进中国贸易政策和制度质量，加快形成有效率的制度环境，如合约的执行、知识产权的保护、政府政策的承诺以及防控腐败问题等。通过一些措施，为更好吸引外商投资而积极创造良好的制度环境。

随着研究的不断深入，很多国外学者注意到贸易制度与外商投资的相互关系越来越紧密。Kaufmann 和 Zoido-Lobaton(1999)认为，一个国家的制度环境对吸引外商投资的进入影响极大，外商投资对一个国家各方面的制度和政策造成冲击，促进其制度的变迁和完善。因此，制度的变迁与 FDI 的发展是互相影响、相辅相成的。North(1990)、Barro(1991)和 Scully(1998)认为，东道国制度的完善对该国经济发展有利，如果制度不完善或者制度缺失，会导致政治法律制度和市场资源配置难以协调发展，继而难以吸引 FDI 的进入。同时，没有外资的引入，又进一步延缓了该国制度的变迁和发展。因此，这也就解释了为什么经济落后国家制度没有发达国家完善，也没有发达国家对 FDI 那么有吸引力。Stein(2001)分析了制度变量的各种衡量指标，经研究发现制度安排与 FDI 关联度很大，且两者之间有着较强的正相关性。Globerman 和 Shapiro(2003)经研究发现，如果某国的制度安排较好的话，就能有效地吸引到更多的外商投资，也有利于提高贸易制度效率，贸易制度与吸引外商投资正相关。潘镇、潘持春(2004)在文中分析了贸易制度因素的各个指标，并实证分析了市场化程度、政府节俭程度、产权保护程度、外商投资限制程度等多个制度因素与外商投资的联系，研究发现一国的贸易制度因素对外商投资及其区域流向有重要影响。并且进一步发现，贸易优惠政策对吸引外商投资的作用明显，可以更有利于引进外资，但是优惠政策对外商投资的吸引力随着时间的推移而递减。此外，外商投资活动也反过来影响着贸易制度的制定和贸易政策的实施。李亚玲(2010)通过研究发现，外商投资与中国区域制度有着双向互动关系，引入外资企业进行生产经营活动，带来技术和管理经验等，能极大地推动我国区域制度的变迁。同时，我国贸易制度环境和相关外商投资政策也对外商投资有重大影响，引导着外资企业在我国不同区域和产业领域进行投资生产活动。

六、贸易制度对外商投资影响机制分析 ▶▶▶

(一)贸易制度吸引外商投资的机制分析

随着国家经济与对外贸易的不断发展，贸易制度的重要性愈发显现，制度因素是投资者进行海外投资以及选择投资区域的主要因素，贸易制度是一国吸引外商投资的重要指标。Len J. Trevino(2008)在关于拉丁美洲制度影响 FDI 的研究中，分析了多种制度，既有政治经济层面的，更有国家贸易制度和政策方面的，诸如政治制度、教育制度、税收改革制度、双边投资协定、贸易改革制度等，还从认知制度、规范制度以及管治制度三个方面进行分析，论证制度因素对 FDI 的具体影响。具体来说，教育制度使民众更好地认识外资，了解引进 FDI 对国家经济建设的重要性，还能使其改变对外资的排斥心理，积极学习和了解外国文化，更好地利用外资。双边投资协定以及税制改革等活动，既是对旧有制度的挑战,也是让民众去认识改革开放以及进出口竞争等的重要契机,使得 FDI 能够被广泛接受和认同。贸易制度的认知层面得到解决,FDI 的流入才能变为现实。毕竟任何新鲜事物首先要得到东道国国民的认同才行,这样抵触情绪也会少些,更加有利于引进外资。社会个体接受本国向全球化转变,认为外商投资对国家经济建设有利,以及在一定时间和范围内接受为外商投资提供的优惠政策和超国民待遇的现实必要性。贸易制度的管治层面能够使制度本身有效发挥作用,并由国家政权来加以保障和强制实施。保护跨国公司财产,提供公平经营环境,为外资经营提供相关的优惠税收和贸易政策,这些措施都有利于更好地吸引外商投资。

(二)双边贸易协定制度有利于保障外商投资的顺利进行

环境的复杂性和不确定性,给人们的经济决策带来困难,增加经济活动中的交易成本。贸易制度的制定就是为了降低不确定性,并减少贸易交易成本。诺斯也强调制度的主要作用是建立一个稳定的结构来减少不确定性。随着世界商品市场一体化,正式的关税及非关税壁垒将逐步弱化,但国家的界限对国际贸易仍然有阻碍作用,这是因为国际正式与非正式制度之间存在差异。交易达成与否,取决于交易能否带来利益,以及交易者对彼此信誉的评价,双边贸易协定制度在国际贸易中起着重大作用。在吸收外商投资及双边贸易中,非正式合约和协定也起着重大作用,正式与非正式合约及贸易协定间存在一种互补作用。我们依交易能否在同一时间进行,将交易市场分为同时交易市场和非同时交易市场。同时交易市场一般是与契约的实施相关联的,非同时交易市场则有可能出现交易风险。在国际贸易中,在协商是否开展投资贸易活动时,也就是一方国家在尽力争取和吸引他国跨国公司参与本国投资活动时,供求双方相距较远及投资成交数额较大,相互间的权利和义务难以同时享有或履行,这就使得在协商活动中承担一定的投资风险。若双方国家签订有贸易协定,就可以很好地保障投资活动以及吸引外商投资的顺利进行,双方之间的利益才能实现。这样,双边贸易协定制度不仅可以保障东道国能顺利吸引外资,同时也有利于保障外商投资者的利益,从而最大限度地保障外商投资的进入,促进双边贸易投资活动的开展和交流。

(三)贸易制度的趋同性有利于推动外商投资活动

林德尔(1961)通过研究发现,大多数国际贸易是发生在相似国家之间,要素禀赋不同的国家发生贸易交往的相对较少,这对 H-O 理论有一定的挑战。从需求角度看,多数贸易在相对富裕国家之间发生,它们对高级工业制成品有着相似的需求。富裕国家的相似之处主要不是需求而是制度方面的相似,富裕国家对贸易制度不同的国家有着重大的影响。一国内部制度和外部制度可以相互促进，当两国的贸易制度为双方所熟知，就有利于降低贸易成本。如果贸易制度运行成本较高，则会对国际贸易和外商投资活动带来阻碍，中美间的贸易摩擦其实也源于两国贸易制度方面的差异。世界区域经济合作一体化，也是为了使贸易双边国家的制度进一步融合，从而降低交易成本以促进国际贸易的发展。许多国际组织建立相互合作的平台，通过制度安排使成员国在贸易交往中实现关税相互减让。还有国际组织力争使成员国让渡部分主权，促进不同国家贸易制度逐步趋同化，以更好地促进各国之间的贸易交往以及推动外商投资活动的发展。

第三节　制造业开放式创新相关理论分析

一、开放式创新理论的提出 ▶▶▶

制造业作为经济发展的重要产业，对一个国家的经济发展有着重大的推动作用，更多国家开始重视制造业的发展，相关理论也应运而生。开放式创新理论的提出有一定的历史背景，顺应社会经济的发展和技术的进步，最早由著名经济学家熊彼特在其著作《经济理论》一书中提出，用进化论的观点来分析经济问题。他在 20 世纪 30 年代提出了创新理论，经过后来学者的研究逐渐演变为开放式创新理论。这些学者的观点都是基于开放式思想来研究创新方面的问题，并将开放式思想应用于创新实践。最早开始萌发开放式创新思想的学者是经济学家熊彼特，他认为解决经济问题可以采用进化论的观点。每个经济系统都是一个综合体，综合体中的每个经济主体都具备有限的理性，在全面了解、掌握了一定信息的基础上，能够进行相互的沟通、协作，每个经济系统都能按照感应到的信息，通过自身的组织能力和进化能力来调整自身以便适应感应到的信息。也就是说，每个经济系统自身都能够通过学习能力的提升来调节自身并进行学习进化。当然在此过程中也许会做出错误的抉择，但是通过本身所具有的自组织能力和进化能力，该经济系统将会适应整个经济系统的发展。可以说，在整个自组织能力和进化能力的不断变化之下，将存在一定的规律。如将经济系统中的经济个体从微观层面考虑，将整个经济系统看成是宏观层面，那么微观个体逐渐在宏观层面不断进化，以适应外部的变化。这就是开放式创新思想的雏形，已经开始意识到外部信息对经济个体的重要性。

随着制造业经济的发展，越来越多的学者开始研究制造业发展模式，并从不同的角度提出开放式创新思想。Nelson 和 Winter(1982)认为,仅靠组织内部来寻求、开发新技术会耗时多而且投入大,进而提出了一个决策,即可以利用组织外的机构或者公司来为现在的组织提供新的技术。Teece(1986)基于开放的思想,认为企业可以寻求实力不同或具备不同技术的企业合作,这样可以各取所长,达到互补的目标,便于开展创新活动。Levinthal(1990)强调研究与开发活动的主要目的是提高自身的吸收能力,这样在公司建立研究与开发中心,不仅仅是为了对内部创新的加强,更重要的是可以将外部的一些好想法、观念、知识成功地传输到企业内部,并吸纳到企业的创新之中。Rosenberg (1990)则更加重视基础研究的重要作用,认为企业只有具备了强大的基础研究能力,才能在网络时代随时发现并挖掘有价值的信息,可以提高企业的竞争实力。Cohen 和 Levinthal(1990)认为,企业或者产业的研究与开发对自身来说具有双重作用:一方面,通过研究与开发活动创造新知识、新技术,可以促进创新的开展;另一方面,通过研究与开放性创新活动,可以充分探索企业或产业外部环境中的新知识、新技术,并可提升企业或产业吸收这些新知识、新技术的能力,也就是所谓的利用外部环境达到创新的目的,因此研究与开发活动是使企业或产业创新成功至关重要的因素。Anderson(1991)认为,创新是双向的交流活动,是基于变化的观念,采用开放式创新可以密切地与其他企业、顾客建立起沟通的渠道,可以及时掌握顾客的需求,使得顾客也间接成为研发的参与者,这样可以降低企业的研发成本,也能提高企业的创新能力。Rothwell(1994)在创新模式选择中提出了可以采取系统集成或者网络化的模式来提高创新能力。他认为,将来的创新活动需要系统的主体之间不断合作,尤其是建立起互相学习的网络平台,在系统集成或者网络化的过程中产生自组织的学习能力。Cohen 和 Rothwell(1994)认为,在第五代技术创新过程中,创新的要素是多元的,在企业的创新过程中就需要重新整合企业内部和企业之间的相关资源要素,实现系统一体化及网络化的模式。Dyer(1996)认为,企业创新中所需要的有价值的要素可以从外界获得,可以通过购买或者引进的方式获得。同样,企业本身的创新要素也可以提供给外界有需要的企业,可以获得可观的收益,也能实现创新的目的。如欧盟的一个子项目 SEIN (Simulating Self-Organising Innovation Networks)就是利用外部资源,获得了生物方面的技术、电子商务方面的技术和能源热电联产方面的技术来进行专项研究,以分析企业的网络创新能力。C. De Bresson(1996)提出了创新互补的假设,他认为创新活动是网络化的,创新过程是经济体在创新网络中不同的群体的聚集。Lagendijk 和 Charles(1997)认为,在创新的外部环境中,创新活动不仅存在于技术环境中,而且存在于制度环境中。Teece(1998)认为,随着知识经济时代的到来,技术之间将出现不断融合,为了能够满足日益变化的竞争环境，企业应该不断融合企业内部和外部的资源，为创新的开展提供更多的机会。这样也可以解决内部资源不足的问题，通过外部资源的补充，可以增强企业的优势。Daneke(1998)则更加深化了熊彼特的进化论观点，他认为所有的创新活动都是围绕经济的发展而开展的，经济活动是创新活动开展的关键要素。Wendler 和 Day(1998)从知识理论的观点出发，认为创新是知识流动的过程，在这个过程中，公司内部人与人之间、公司外部公司与公司之间、公司与消费者之间都是通过知识的流动来产生创新活动的。Etzkowitz 和 Leydesdroff(2000)基于进化理论提出了技术创新的三链螺旋模型，考虑了网络效应对个体和组织行为的影响。Rycroft 和 Kash(2000)基于技术、生产和组织三方面的考虑，认为技术是从简单的创新活动向越来越复杂的创新活动开展的，在这复杂多变的环境中，需要企业自身有很强的适应能力。Caloghirou、Kasteli 和 Tsakanikas(2004)认为，在网络高度发达、信息技术快速发展的今天，一些创新活动一般很难在一个企业或者一个产业内存在，往往是多领域合作的结果。因此，无论多么有实力的企业，想要靠自己进行独立的研发将是很困难的事情，需要从外部获取创新资源。Connor(2010)指出，大型企业的突破式创新必然是开放式创新，通过技术和产品等方面的创新，可以极大提升企业的综合竞争实力。

二、开放式创新理论的相关研究 ▶▶▶

(一)开放式创新理论的内涵

关于开放式创新理论的内涵，不同的学者有不同的理解和认识。自开放式创新理论提出之后，不同的学者从不同的角度来阐释开放式创新的含义。开放式创新是指通过均衡协调企业内部和外部的资源来产生创新思想，同时综合利用企业内、外部市场渠道为创新活动服务。这种创新模式不仅把创新的目标寄托在传统的产品经营上，还积极寻找外部的技术特许、技术合伙、战略联盟或者风险投资等合适的商业模式来把商业化创新思想变为现实。在开放式创新理念下，研究成果能够穿越企业的边界进行扩散，其他公司可以通过许可的方式利用它们，从而创造一个双赢的结果。Hastbacka (2004)认为，开放式创新企业能够基于企业内部和外部的创新思想，在项目研发、投入生产的过程中，向市场寻求技术，获得必要的信息，然后将获得的信息经过筛选后由研发部门再进一步深入研究，抓住机遇，重新吸收新技术，进而提高自身的研发水平。Chesbrough (2006)认为，随着知识的流入和流出，好的创意能够满足企业自身所用，同时可以将自身好的但是无用的创意和技术转让给其他企业，这样需要企业具有开放的思想，寻求开放式创新模式，使知识和技术得到充分、有效的利用。West 和

Gallagher 强调开放式创新企业可以广泛地在外部和内部获取对创新有用的资源,可以是顾客、供应商、其他企业,也可以是企业内部的员工、管理层。通过内外部资源的有效整合,可以产生更多的创新成果,然后将这些创新成果通过内外部的市场渠道进行转化。这既是多创新源的创新模式,也是多市场渠道合作的创新模式。这需要有开放式的创新环境,还要有开放性的主体能够寻求到开放性的资源和创意。West 等(2006)认为,开放式创新是公司能够且应该利用内部和外部的创意和市场路径以提升技术水平的一种范式,是得益于创新的实践和创造,能够解释和研究这些实践的认知模式。Docherty 认为,开放式创新是有效地选择企业外部的信息、技术和知识,来促进企业内部的研发活动,对企业内部无用的创新也可以通过知识产权的方式流转到市场中,让其他企业可以通过开放式创新的方式找到适合自己企业发展的资源。Henkel 强调开放式创新的作用,它可以促进公众的研发合作,它不同于技术的简单交易,而是可以相互促进的创新活动。Vanhaverbeke 认为,开放式创新是一种动态的行为,在实践中不断提升认知,提高自身的创新能力;同样,也可以在认知中不断产生想要寻求外部资源的行为。Leadbeater (2007)认为,开放式创新从含义来看,可分为向内的开放式创新和向外的开放式创新。向内的开放式创新是指创新资源的流入,向外的开放式创新是指创新资源的流出,创新资源的流出是通过某种平台来实现的。陈钰芬和陈劲(2008)认为,开放式创新模式是通过内外部创新资源的融合而实现的创新,尤其是企业自身的技术完全可以通过外部途径来实现商业化的目的。开放式创新是创新主体在创新链的各个阶段与多种合作伙伴多角度动态合作的一种创新模式。

(二)开放式创新理论的国内外研究

国外对开放式创新理论有着较深入的研究,推动着创新理论的进一步发展。开放式创新模式是从内部和外部两条路径实现商业化,并将这两条路径有机结合在一起。开放式创新注重内部和外部研发资源的利用,强调研究的分工协作,能够突破企业边界,利用各种可以利用的研发成果,创造出符合本企业需要的创新产品和技术。Harwig (2004)采用案例分析,以飞利浦公司和宝洁公司为例来分析开放式创新的实践。其中飞利浦公司的开放式创新主要是通过建立合作研发的平台,充分利用学术界和产业的资源,弥补自身创新的不足之处。通过这种创新模式平衡企业内外部的创新资源,在全球范围内实现共赢。Robert Kirschbaum(2005)通过对 DSM 公司的深入研究,提出开放式创新活动应该是一个公司内生的,以创新文化的表现形式,达到产生开放式创新活动的结果。要想成功实现开放式创新,就需要在创新文化的指导下,建立起适合创新发展的团队。以具有创新精神的团队作为基础,在创新文化的影响下,企业实现开放式创新就不困难了。当然，在成功实现开放式创新后，还需要不断检验和评价开放式创新的意义和作用，具体涉及：潜在创新的5个检测标准——环境、顾客、竞争对手、协调度和成本；现实商业计划的衡量——顾客检验、商业承认、市场反馈、小规模试销；成熟商业计划的分析——产品、促销、个人销售、价格、销售地点。Gassmann(2006)认为，不同的创新模式对于促进产业创新有重要的作用。在全球化的背景下，产业之间或者产业内部的企业之间可以通过技术联合、商业合作等开放式创新途径，来获得更大的知识优势，同样可以提升产业的竞争力，在技术上处于领先地位。Mildred A. Hastbacka认为，开放式创新的实践模式包括四个部分：战略、资源、进程、组织。其中后三者处于模型底层，是战略的基础，对战略起支撑作用，四者共同构建了一个金字塔式模型。他提出了开放式创新的7个关键因素(7C)：兼容性、补充性、拥趸、通俗的术语、突破内部约束、客户群和对创新的明文规定。Anders Meiton(2001)指出，变化无处不在，开放式创新促进了企业间及企业用户间的双向沟通。企业的使命不仅仅在于满足用户需求，更重要的是降低研发成本。企业通过购买外部创新思想而获得发展的潜力和前景，同时，用户通过参与制造业企业的产品或者服务，会进一步促进企业的研发实力提升。Ellen Enkel和Oliver Gassmann(2007)对不同行业的144个案例进行分析，就开放式创新的驱动力问题展开研究后，得出开放式创新的驱动力包括：开放的资源现象，创新的国际化使得创新的准入门槛降低，技术密度增加，技术融合，新的商业模型，以及知识的杠杆作用。开放式创新模式是前期搜寻新的技术，选定一些有价值的技术作为原型，通过试制生产，最终投放到市场并从中获益。他们认为，开放式创新的主要构成包括：外部内化，即客户、供应商集成和外部知识的获取；内部外化，即内部的知识技术商业化、自有IP许可、自有技术增值，以及跨工业创新等。而将企业内部、外部结合，即企业通过战略联盟和创新网络，可以带来合作创新。企业进行开放式创新所要具备的能力包括：整合并吸收外部知识的能力、技术多样化的能力、与外部合作创新所需的协调关系的能力，以及使企业内部知识外部商业化的增值能力。Felipe Monteiro(2007)在研究了开放式创新过程中对外部技术的搜寻过程后认为，开放式创新的外部技术搜寻是一个多阶段的过程，包括找寻、评价、内化、原始转移和后续创新阶段。而开放式创新在前期与企业的科研能力及外部商业环境有关，后期则与企业是否具有高水平的管理团队密切相关。外部技术往往比在企业内部实验室里发展起来的技术有更高的可证明性，而现行研究发现，外部知识搜寻及获取的主要收益就在于给企业提供一个为解决新问题而带来的机会，即可供选择的技术选择域。Carmen Camelo-Ordaz等研究发现，当今竞争战略正经历着一个调整和变动，组织知识被认为是最重要的战略资源，企业为了满足顾客快速变化的需求，不得不持续不断地发展新技术。创新比以往更不确定、更为复杂，因为企业需要同时监控许多不同技术，还要在一个相对更短的时间内做出投资决策。当前的合作应当是竞争者、顾客、供应者以及高校、研究院所等的合作，企业具备获得创新所需的新知识的强烈渴望和趋势，高校和企业必须增加它们管理控制知识转移过程的能力。此外，还有学者认为，在日益丰富的学术体系下，随着知识的积累和爆炸，群众的智慧十分重要，甚至抵得过几个专家的智慧。对于这些游离智慧的把握，也是开放创新中的必要工作。

有些学者研究开放式创新的实践，从案例分析中得出开放式创新活动的开展及应用情况，找出在开放式创新过程中所遇到的问题，可为企业的发展提供政策建议。Laursen 和 Salter(2006)采用双截尾 Tobit 模型，分析多家英国制造企业，通过模型的检验得出结论：开放式创新企业对外部资源的有效融合，可以从深度和广度上不断挖掘有关的技术。当然，进行开放式创新并不是越有深度和广度对企业的创新越重要，而是有一个时点的，这可以通过开放性深度和广度与收益曲线的关系来做比对，它们之间呈现出倒 U 形关系。最初的适度开放会提高企业的创新绩效，而过度的开放反而会使企业的创新绩效减少。Markus C. Becker 等(2007)对欧洲汽车制造企业进行了实证分析，认为像汽车制造这样复杂的企业，从产品的设想到研发再到生产是一个非常复杂的过程。在这个过程中，要想适应发展的需求，就应该在研发过程中不断更新产品的研发速度。若要快速做出反应，则需要企业利用开放式创新理念，从外部活动创新过程中获得所需要的创新要素。Liehtenthaler(2008)采用的是问卷调查，主要调查对象是 154 个大中型欧洲企业，以系统的视角来分析企业开放式创新的情况，主要考察技术交易情况，他将技术交易分为两种：一种是直接可以从外部获得技术的外部技术获取型技术交易；另一种是通过在外部参与的方式进行的外部技术开发型技术交易。他认为，企业的开放式创新是一种企业动态的能力，这种能力主要体现在企业内部和外部获得或者开发技术的动态管理工作中。Liehtenthaler 和 Ernst (2009)认为，不同规模的企业对开放式创新的应用有重要的影响，规模小的企业产品单一、技术含量不高，寻求开放式创新的可能性较小；而规模大的企业，产品复杂，创新过程也比较复杂，为了便于寻求创新，就应该选择开放式创新模式，也就是规模越大越复杂的企业就越应该寻求开放式创新；Rohrbeck 和 Holzle (2009)分析了德国电信跨国企业，通过研究发现，这些企业在将传统创新方式与开放式创新方式融合的基础上，产生了大量的创新源。这些创新源也就是创意，通过商业化，使企业获得了更多的效益。Bianchi (2010)研究了生物制药公司，他认为这些公司实现开放式创新主要是采用了不同的组织模式，通过许可、联盟等方式与外界建立联系。这说明越来越多的行业意识到开放式创新的重要作用。Bianchi (2010)深入探讨了生物制药公司使用不同的组织模式,包括许可证协议、非股权联盟、技术和科学服务的购买和供给等,来与不同类型的合作者建立关系,以实现外部技术获取和商业化技术与知识。然而,越来越多的证据显示,开放式创新的概念及相关策略也盛行于更多的传统和成熟行业。Henry Chesbrough 提出的开放式创新概念,也是基于将 IBM、英特尔这样的跨国大型高技术企业作为研究对象。随后, Henry Chesbrough 调研了五金器具、家居装饰、医疗设备、日用消费品等传统和成熟行业的开放式创新状况,发现非高科技行业的组织是开放式创新的早期采用者,表明许多开放式创新理念已被行业广泛采用。不同类型的产业可以被排列在一条连续谱系之上,一端是完全实施封闭式创新的产业,另一端则是完全实施开放式创新的产业。绝大多数产业处于两种模式之间的过渡阶段,例如汽车、生物工程、制药、卫生保健、电脑、软件、通信设备、银行、保险、零售,甚至军工和通信系统制造业。S. Sarkar (2008)的研究证实,在研发投资水平很低、创新很保守的食品行业也存在开放式创新。Rishad 等研究了加拿大石油工业的开放式创新,表明政府部门、独立的研究机构以及石油企业都参与了共同的技术研发过程。中小企业的开放式创新活动也逐渐受到学者们的关注。Vrande 和 Jeroen(2009)针对中小企业的实证研究证明,中小型企业正在广泛实践开放式创新活动,以追求市场方面的优势。更重要的是,它们正越来越多地这样做。Sungjoo (2010)等以韩国中小企业为研究对象,发现企业网络能有效促进中小企业的开放式创新。相对于大型企业开放式创新以促进研发为主,中小企业更注重利用开放式创新中的商业化途径。

在进行开放式创新的过程中,企业应该充分掌握相关知识和创新资源,要充分利用创新资源,这些知识和创新资源将在企业的内部能力中发挥重要作用。Teece(1986)指出,任何企业无论技术力量有多雄厚,也无法从其内部创造出技术创新所需要的所有知识,也不可能拥有技术创新所需要的全部资源和技术。March(1991)认为,企业的吸收能力产生于内部研发活动、员工的先进技术训练或者生产的副产品等多种方式。内部研发只形成知识的一部分,并依赖个体及学习环境。在一定条件下,内部研发对企业吸收能力的作用很小甚至没有任何影响。Shenas 和 Derakhshan(1994)基于资源的角度进行研究,认为企业与外部组织的互动对获取新的科学和技术知识尤其重要,企业的技术创新需要更多地关注企业的外部环境及资源的整合。Nonaka 和 Toyama(2002)认为,企业经营要有效吸收外部技术知识,企业通过自身的吸收能力才能将外部网络潜在的资源转化为创新绩效,吸收能力与企业创新活动之间具有密切关系。实际上,吸收能力可以为企业提供丰富、多样化的知识,使企业在解决问题和应对环境变化时拥有更多的选择。Nonaka 等(2004)认为,创新的本质就是知识创造。

Chesbrough 和 Crowther (2006)按照开放式创新的特征,即需求内、外部创新资源,将开放式创新分为内向型开放式创新与外向型开放式创新两种。内向型开放式创新主要是注重内部的研发,但是也随时检测外部的创意。外向型开放式创新则是不断在外界寻求更适合企业发展的特定技术。在实践过程中都需要企业具备一定的吸收能力,即辨别有价值信息的能力、消化能力及商业化应用的能力。Spithoven(2009)强调知识的吸收能力的重要性,尤其是针对一些传统行业,具备一定的吸收能力是企业实施开放式创新的前提基础。Wallin 和 Krogh (2010)认为,开放式创新最重要的是寻求外部创新资源后的整合过程,因此提出针对整合过程的五阶段模型。开放式创新模式超越了原有组织边界的限制,创新活动扩展到组织边界之外。在这种情况下,开放式创新模式下的知识活动不仅包括组织内的知识活动,而且包括组织间的知识活动。

国内学者对制造业开放式创新理论也进行了深入研究。杨武(2006)论述了开放式创新理论发展及其成因,从不同的角度来分析开放式创新模式下知识产权如何进行把握的问题,分别从创新本身、从法律角度、从市场角度、从利益分配角度来考虑知识产权在不同视角下的应用。陈劲和陈钰芬(2006)认为,开放式创新可以减小技术创新的研发风险,可以使企业能够获得更多的外部创新资源,可以与相关利益者合作。郑小平等(2007)提出了开放式创新的理论模型,创新要素流入流出的情况不同,创新模式也将不同。然后从企业的利益获取来分析,利益链不同,将会有不同的创新欲望模型。杨静武(2007)认为,成功的开放式创新模式,应该是企业在具备基础研究的条件下,能够充分吸收、消化和学习的能力。陈钰芬(2007)对我国企业绩效进行了研究,认为在我国企业开放程度不高、技术创新能力较差、研发强度比较低的现状下,实行开放式创新对创新绩效的提升有积极的影响。陈衍泰等(2007)针对企业的开放式创新文化支持度、市场导向以及不同创新程度分析其与创新绩效的关系。借助开放式创新理论,分析企业开放式创新文化支持度对于中小企业的市场导向的影响,并进一步按照创新程度区分突变性创新与渐进性创新,探讨市场导向对于创新绩效的影响程度。他们基于对 241 家中小高新技术企业的研究后得出结论:中小高新技术企业开放式创新文化与企业的市场导向,对于不同创新程度的绩效的影响程度不同。杨丽(2008)认为,模块化带来了产品系统的结构创新,创造了一个开放式创新环境,使技术得以在产品系统层面与模块层面双向并行演进。美国计算机产业从产品创新开始,经由模块化所导致的结构创新,进入以模块创新快速演进,产品系统渐进式创新阶段,模块层面创新引发产品系统重大创新,产业再次进入新的技术演进路径。在高新技术产业中,技术演进引导产业演进,技术演进与产业演进并行。游达明、孙洁(2008)认为,开放式集成创新是现阶段提升我国企业创新能力的现实途径。目前我国对开放式集成创新的研究尚不成熟,实践操作缺乏系统的理论指导。他们运用 ANP 的方法构建了企业开放式集成创新能力评价体系,采用线性加权函数的方法建立了开放式集成创新综合评价的模型,并提出了监测评价的程序步骤,以期为企业开展开放式集成创新提供理论指导,促进企业创新绩效的提高。杜景姝(2008)阐述了企业开放式创新过程中将会遇到的风险,从市场、技术和管理三个方面来分析风险的构成。同时,在研发过程中,人员的流动、合作伙伴的无法掌控,都将导致研发风险的产生。所以其创建了风险预警的若干模型,包括开放式创新企业核心技术人员流失模型以及引进的先进技术的评价预警模型。王雎(2010)认为,在开放式创新过程中,知识产权的占有是尤为重要的。在开放式创新过程中,企业打破了原来的知识产权独立的模式,而且在创新中寻求知识产权的联合,通过这种联合获取彼此需要的创新要素。其对知识产权在开放创新中的研究应用了具体的案例来进行阐述。陈劲、吴航(2012)从项目管理的视角,提出了成功的项目需要同时应该根据创新项目流程进行有选择性开放;在项目运作过程中,应综合使用内向和外向开放式创新模式。发展中国家的高技术企业应积极争取政府支持,特别是在一些关系产业发展的重大项目开发上。他们提出了基于项目管理的企业开放式创新实施过程。

(三)开放式自主创新模式的研究

国际上具有一定实力且创造力很强的大企业,虽然其专利数量远远超过其他企业,但是这些大企业始终不能从这些专利中获得全部的收益,而是部分专利自获得许可后并未实现商业化,仅作为专利转化率的基数而已,无法为公司产生价值。导致这种问题出现的原因就是这些企业大多数采取的是封闭式的创新模式,专利都有效地控制在企业内部,企业付出了大量研发投入,无法获得收益。为此,Chesbrough 把 20 世纪及以前的传统创新范式界定为封闭式创新,认为企业的创新活动应该严格控制在企业内部进行。换言之,创新思想必须产生于企业内部,内部研发是企业非常有价值的战略资产,并只能在企业内进行研发、生产、产品经营、分配并为其自身服务。他强调,大企业应该转变观念,并不是专利必须由本企业完全有效地控制,而可以通过与外部的合作,将本企业束之高阁而无法转化的专利以出让或者技术许可的方式提供给外部有需要的企业。这样不仅自己获益,而且可以提高其他企业的创新能力,同时本企业也可以就一些研发过程中遇到的久攻不下的科研项目向外寻求有效的解决办法。如可以引进优秀的人才,或者说可以直接购买有利的研发技术,甚至可以直接购买其他公司在这方面的专利,或者跟其他公司进行合作共同开发并将之商业化。总之,通过开放式自主创新,不仅可以提高企业自身的创新能力,而且可以激发其他企业的创新,为企业创新提供了一条新的路径。Chesbrough 认为,在开放式创新模式下,企业已经打破了原来的边界，有价值的创新思想既可以从企业内部获得，又可以从企业外部获得。内部主要是指企业的内部科研机构或其他部门，外部主要是指企业外部的大学、科研机构、顾客、供应商、政府等。开放式创新模式改变了“非此地发明”的观念，企业可以向外界寻求较高的专利转化率——专利中可以转化后实现商业化的专利数量占所取得的专利数量的比例，该指标反映的是企业所获得的专利有多少可以获得收益。知识技术要素可以弥补企业自身研发的不足，也可以降低企业的研发成本。同时，开放式创新模式解决了“非此处销售”的问题，这主要说明企业商业化的路径不仅仅局限于从内部解决，企业可以将技术转让出去或者许可给其他企业，这也是将企业专利实现商业化的最优路径，使本企业的研发得到了回报，为企业研发后的商业化提供了有效的路径。Chesbrough 认为，两者之间的一个重要区别是，企业如何在开放式的环境中选择好的创意、技术和知识，这就需要企业的研发人员将好的和坏的创意、技术和知识区分开来，选择能够实现商业化的，而将不能产生价值的创新、技术和知识抛弃。两者都善于清除“假肯定”，但开放式创新还能集中能力挽救“假否定”。当然，在实践中，有些创意是不能马上显现出其作用的，需要研发人员将其与其他技术结合后才能发挥其潜能，这就对研发人员、管理人员提出了更高的要求。

企业的创新可以采用开放式创新模式来解决创新悖论的问题。创新是可以通过不同的路径来实现的，尤其是从内部路径和外部路径两个方面将有价值的信息融入创新链。基于技术创新存在创新的困境及悖论，初看起来有市场前景但实际上无市场价值的创意，可能不适合公司现有的商业模式；初看起来无市场前景但实际上有潜在市场价值的创意，可能适合公司现有的商业模式。陈钰芬和陈劲（2008）认为，自主创新并不是闭门造车的单纯创新行为，而是研发—专利—商业化的不同阶段都需要进行开放式创新。尤其是在经济全球化竞争激烈、科技创新加快的形势下，自主创新更应该结合开放式创新来进行，这样可以从开放式创新中获得多种创新资源和创新手段来提高自主创新能力。孙海等（2009）认为，开放式创新和自主创新有密切的关联。第一，开放式创新和自主创新是互相补充的，开放式创新可以通过自主创新将外部的技术转化为企业自身的能力，将产生更多具有自主知识产权的产品。而自主创新可以通过开放式创新获得更多的创新研发渠道，拓展研发思路。这二者的促进都会提高企业的收益。第二，自主创新是以具有强大的吸收能力为基础的。在开放式创新中获得的创新资源，需要自主创新的主体具有强大的吸收能力，才能将开放式创新与自主创新有效结合。第三，自主创新是开放式创新的归属。对一个企业而言，不管进行什么样的开放式创新，最终目的都是提高企业的研发能力、研发水平，使企业获得具有自主知识产权的技术和产品，从而提高企业的自主创新能力，企业才能在行业中处于领先地位。

开放式创新模式作为一种重要的创新模式，与其他创新模式相比既有联系又有区别。合作创新的目的是实现资源共享，创新主体对外界来看是封闭的，边界是清晰的，网络组织是完全开放的，没有一个明确的边界。美国哈佛商学院的Iansiti最早提出集成的概念，集成就是一种活动的集合，是产品开发过程中企业对多种技术选项进行评估和选择的过程。江辉(2000)认为，集成创新可分为技术集成创新、知识集成创新和组织集成创新。对跨企业边界的技术创新过程分布式特性的关注引发了一个新名称——分布式创新。Coombs 和 Metcalfe (2002)提出，分布式创新是这样一种状态，创新所需要的技术和能力在一系列企业和其他知识创造机构之间广泛分布。慕玲(2003)认为，集成创新就是对各个创新要素进行选择、优化和集成的过程，是进行优势互补的动态创新过程。通过集成创新可以为企业提高产品的创新效率，为企业创造更大的经济效益。Kelly (2006)认为，分布式创新是分布于不同类型的子公司的企业员工成功地实施创意、任务及其他创新过程，或者分布于不同地理位置的企业间的创新合作。分布式创新可以是企业内部各创新组织在不同地域的分布，也可以是不同地域的企业的合作和共享。

三、开放式创新模式的发展趋势 ▶▶▶

(一)创新模式的转变

我国制造业企业由最初的关起门来独立搞研发，已经在逐渐转变，可以看出制造业企业已经开始由原来的封闭式创新向开放式创新转变，不仅仅是跨企业、跨行业，甚至是向全球化的创新模式转变。如企业之间的合作，辽宁机床与西门子的深度合作、吉利汽车收购沃尔沃100%的股权；企业与大学、研究机构等之间的合作，中控集团在大学建立的实验室或者研发中心等。制造业创新模式的转变也是为了顺应世界经济向经济全球化方向转化。由于经济全球化的到来，网络时代的日渐发达，经济发展的各种资源将在全球范围内流动，这就要求制造业企业转变原来的创新观念，向开放式创新思想转变。在经济全球化的大背景下，要想与有实力的大公司竞争，仅靠制造业企业自身的能力是远远不够的，需要在全球化的背景下向全球的企业寻求合作，可以采取联盟或集群等形式，以此来提高制造业企业的竞争实力。

(二)技术进步的推进

技术变革日新月异，先进的科学技术不断涌现，加快了企业产品的更新换代。尤其是对制造业而言，其与各行业的关联性极强，是为其他行业提供技术装备的产业，也是产品本身很复杂且投入较大的产业。如果不能顺应技术的快速发展，不能随时掌握技术变化的动态，一旦产品研发出来，很有可能已经成为落后的产品。所以基于技术的推动，导致制造业企业必须调整创新模式，向开放式创新模式转变。通过对开放式创新模式的选择，可以避免将来在技术创新过程中所遇到的风险。这种创新风险有两类：一类是来自产品更新的速度，如果仅选择封闭式的创新模式，将会延长新技术、新产品的研发周期，无法跟上产品更新的速度，也将增加企业研发的成本投入；另一类是人才的流动性和通过网络获得信息的可能性增强，一旦创新信息泄露，则会造成很大的损失。因此，为了降低研发风险、缩短研发周期、减少研发成本，以及减少不必要的损失，我国制造业企业有必要选择适合企业发展的开放式自主创新模式。

（三）竞争压力的推动

随着技术创新的全球化趋势，我国制造业企业面对全国乃至全球几十年甚至上百年的制造业企业，承受着很大的压力，这就导致我国制造业企业不能如以往那样采取独立的、封闭式的创新模式，而要不断寻求新的创新源来弥补自身的不足。选择向开放式创新模式转变也是适应市场经济、应对竞争压力的必然趋势。可以通过与一些大型跨国公司合作，共同设立联合研发机构。例如美国的一些大型企业，其技术研究与开发一部分是放在日本和欧洲进行的，生产的产品投产却是在一些发展中国家进行的。我国制造业企业可以与这些大型企业在不同创新阶段合作，实现信息和技术等资源共享，提高产品的技术含量，使得企业能够获得更多的利益；或者通过兼并重组等手段来整合创新资源，通过创新模式可以提高自身的相关技术创新能力，主要是可以在全球范围内对创新资源实现有效的流动、共享和优化配置。

四、制造业自主创新的相关性分析 ▶▶▶

（一）制造业自主创新的基本面分析

我国制造业的创新将成为构建开放式自主创新战略的核心内容之一，制造业的创新能力提升得到了各级政府和企业界人士的高度重视。我国将秉承制造业大国的优良传统，力争成为制造业强国，在经济发展过程中起重要推动和示范作用，制造业的转型升级可以对经济持续、健康、快速发展起到重要的作用。我国当前的低成本、大规模的制造业模式应该向创新型的制造业模式转型升级，特别是应该逐渐转为具有自主创新能力的制造业模式。因此，我国提出了很多规划和措施，在各个领域促进自主创新，特别是针对制造业。因为制造业具有产业关联度高，吸纳就业能力强，技术、资金和人才密集的特点，是为经济各行业提供技术支持的战略性产业，是各行业产业升级、技术进步的重要保障和我国综合实力的集中体现。

我国制造业的明显特征就是“大而不强”，自主创新能力比较薄弱，尤其是在国际金融危机时期，我国制造业自主创新能力不足的问题更加凸显，同时对产业竞争力有很大的制约作用。国务院于2006年发布《关于加快振兴装备制造业的若干意见》，随后于2009年发布《装备制造业调整和振兴规划》，其中，特别强调如何加快调整制造业结构，提高自主创新能力，增强自主化水平，促进产业升级。技术创新型和密集型制造业将是“支撑发展、引领未来”的主力军。由此可以认为，我们要建设创新型经济强国的关键是创建技术密集型产业，尤其是以自主创新为主的技术密集型产业。

（二）自主创新与开放性不可分离性分析

高效的技术创新取决于外部技术与内部研发的相互补充与相互融合。内生的技术进步理论表明，知识生产所基于的知识资本存量越大，其效率就越高。而知识资本存量又取决于自主研发和吸收外部技术扩散两种活动，有效吸收外部技术扩散，可以促进内部自主创新效率的提升，而自主创新能力越强，吸收外部技术扩散的能力就越强，二者之间存在一种相互强化的关系。因此，加大自主创新力度是促进技术创新能力提升的根本性因素，而有效吸收外部技术扩散是促进技术创新能力提升的必要补充因素，二者之间只有相互协调，才能最大限度地提升技术创新效率。一方面，只有加大自主创新力度，才能促进自身技术能力提升，才能有效吸收外部技术扩散；另一方面，有效吸收外部技术扩散又会促进自主创新效率的提升。只有自主创新与有效吸收外部技术扩散相互结合、相互促进，才能加快技术资本积累，提升自主创新效率。

国内外企业技术创新的经验表明，具有适度开放性的自主创新具有较高的创新效率，成功实现了企业技术能力提升。在国际上，日本电器产业自创始阶段，其主导企业都与美国的主导企业有着密切的联系。在吸收利用美国技术和自身研发努力共同作用下，20世纪60年代中期，日本国内公司拥有了显著的技术专长。在国内，我国电信设备制造公司华为公司，从代理香港地区公司的小交换机起家，用了约20年时间，现在已经拥有了自主核心产品及技术体系，其根本原因在于实现了自主创新与开放性的有效结合。一方面，华为公司一直坚持以销售收入10%以上的费用和43%的员工投入研发创新；另一方面，华为公司努力利用国内外研发资源，它通过建立联合实验室、购买技术等方式与国内大学和科研机构进行合作研究，并与西门子、英特尔、德州仪器等国际知名企业建立联合研究机构，充分利用外部资源促进自身技术创新能力的发展。

(三)制造业低开放性自主创新的困境分析

我国制造业在竞争力、市场份额、品牌效应等方面还比较薄弱,主要表现为:一是过度依赖投资增长,自主创新能力较弱,缺少核心技术和自主品牌;二是基础制造水平滞后,重复建设和产能过剩仍然存在;三是资源和能源利用率低,产品能耗高。其中,缺乏自主设计能力、缺乏关键核心技术已经成为行业发展的瓶颈。自主创新开放度较低是产生上述问题的重要原因,具体可分为以下四个方面。第一,技术创新本身就是是一个投入比较大、过程比较复杂、周期比较长的活动,虽然我国部分企业已实现产学研的有效结合,但是创新资源的配置效率仍然不高。究其原因是研究目标问题,当前大学、科研机构等的研究目标多数是为了多出科研成果,这些成果能够进行转化的比例小,很难实现商业化。也就是说,研究开发的价值未真正得到实现,使得技术成果被束之高阁,以至于最后完全失去意义、丧失价值。第二,知识、技术本身就分别具有外部性、扩散性的特点,制造业更是知识外部性、技术扩散性很强的行业。如果每个企业仅在内部独立、封闭地搞研发,可能会提高单个企业的生产率,但是其中的研发周期会很长、投入的经费会很多,不利于企业的发展。只有通过技术的转移、扩散,才能在产业内产生更大的效益,带动整个制造业的发展。第三,行业内的公共技术的有效利用率低,尤其是企业内研发的而无法在本企业的产品中应用的技术,对其他企业来说也许可能有用;还有就是不涉及商业秘密的本企业公共性的技术,对其他企业的创新能够起到作用的,并且对方企业的使用对本企业也无害的,类似于这样的技术资源如果可以在制造业企业之间共享,将大大提高产业的竞争实力。第四,资源共享意识薄弱,行业内部的技术资源,以及其他行业的技术资源,如果能够实现技术转移,将会对提高产业的资源配置效率有很大的帮助,这也是我国制造业企业所欠缺的。制造业企业之间一方面缺乏信任,另一方面存在信息不对称、合作困难等问题,很难实现创新资源共享的合作机制,从而也是制造业创新资源配置效率低的主要原因。

五、开放性自主创新模式机理分析 ▶▶▶

学者对开放性自主创新模式的机理进行了深入研究,对于分析开放性自主创新的主体本身、主体之间及主体与环境之间的适应性变化有重要意义,该理论的研究使得人们能了解、掌控、分析、把握复杂系统的新想法,基于生物演化的角度来分析复杂性的起源,从不同的层面用复杂性系统的适应性主体来解释并分析复杂性的过程。通过生物演化规律的分析,微观层面的适应性分析主要是主体可以适时调整自身的学习吸收消化能力,在外部环境中找到可以用来交换知识、技术的其他相关主体。而宏观层面的适应性是考察主体在外部经济、技术全球化的宏观环境中，面临多变、复杂的外部环境所能呈现出的与外部知识、技术同步发展的过程。复杂适应性系统理论的核心思想就是用适应性来不断造就复杂性。复杂适应性系统的特点可以从三个层面解释。第一，适应性主体应该是主动的、灵活的、动态的实体。适应性主体在复杂的系统中通过不断进化来适应复杂多变的环境，具有主动适应能力，这也是本书将其作为重要研究对象的原因。第二，个体与环境之间（包括个体之间）相互交换，个体不断寻求适合环境变化的方式方法，外部环境或者其他主体的变化推动了系统的演化和进化。这也有别于其他建模方法仅从个体自身的内部属性来进行考虑，打破封闭的内部研究，将个体之间以及个体与环境之间的相互作用提升到更高的层次，考虑的问题将更加周全。第三，充分对宏观层面和微观层面进行考虑。整个复杂系统能够将主体和环境的相互作用有机结合起来，一并加以考虑。

（一）复杂适应性系统与开放式自主创新的关系

各个主体之间相互作用并不断变化。复杂适应性系统认为复杂性的根源是内部各个主体之间的相互作用，主体是不断变化的，需要积极调整适应性的主体。这一观点与开放式自主创新中的主体适应内部和外部创新的思想是相近的。在开放式自主创新模式中，创新的模式不仅依赖于自主的研发，还依赖于外在的创新。从某种程度上来讲，开放式自主创新研究就是创新主体在外部创新环境中的自主创新选择问题。两者的关联是，主体在一个给定的环境中，能够充分有效利用内部或外部环境产生适应性的问题。

通过资源整合追求自身效用最大化。两者均不同于以往的主体仅单一、封闭地追求内部或外部的最优选择，而是通过对企业内部及外部资源的整合，使自身效用最大化。开放式自主创新系统通过内部和外部资源的整合达到创新绩效的最大化。复杂适应性系统通过内部的一种分辨信息的规则，当探索到当前系统信息时，就可以对当前的形势做出判断，进而采取行动。开放式自主创新系统亦是当一个主体研发出新的技术或推出新的产品的时候，通过某种信息机制将这种创新成果传递出去，从而使得其他企业可以借鉴。

具有很强的独立自主反应机制和适应性。两种理论都具有很强的学习机制，也就是说，各主体在不同的环境中将采取不同的反应机制以达到适应性目的。复杂适应性系统的构成是由主动的个体＋不同环境＋不同规则＝复杂系统而造就的。为了适应不同的环境，规则亦需要不断修改和调整，使主体呈现出灵活、多变、智能的特征。而开放式自主创新的模式表现为主体通过学习机制，在外部环境下，将企业内外部的创新资源有效融合。

(二)开放式自主创新的复杂适应性系统特征

开放式自主创新是集成了知识创新、技术创新、系统创新等的创新活动,在创新活动中各创新要素将不断流动和变化,尤其是资金、信息、技术、知识、人才等创新要素,在企业之间、企业与环境之间不断转换,产生了企业内部和外部各创新主体之间动态变化的复杂性系统。开放式自主创新所呈现出的复杂性和开放性特点,也就要求各创新主体不断提高各自的适应能力来满足复杂多变的内部和外部环境变化,也就是说,开放式自主创新具有复杂适应性系统的特征。

开放式自主创新是多主体参与的复杂系统。在进行开放式自主创新的过程中,参与到某个企业或者某项研究中的个体有可能来自不同的企业、不同的产业、不同的研究机构甚至不同的国家。其中主要研发人员还包括学生、顾客、用户、管理者等。他们可以通过网络互动或者直接接触,互相传递着信息、知识和技术。通过开放式自主创新,可以在众多参与者中选择能够促进创新的要素。这就使开放式自主创新系统具有复杂性。

开放式自主创新是在开放状态下的复杂系统。开放式自主创新是在开放状态下,对外部环境有利于创新的知识、技术、信息进行选择、辨析、决策、投入的一系列活动。也就是说,一旦外部环境有所改变,将存在不确定性和非线性的变化,如出现了新的技术、新的知识,那么开放式自主创新系统就需要在变化的外部环境中重新进行前文所说的系列活动。随着外部环境的变化,开放式自主创新的复杂性也相应增加。

开放式自主创新是动态复杂过程。这主要是从开放式自主创新的机理来分析的,因为在一个创新体系中,进行创新不仅涉及主体和环境的变化,更应该考虑主体与环境之间是通过何种机理作用的,这个过程随着主体和环境这两个变量的持续变化,相互之间的结构、组织都是不断变化的,导致创新过程也会分为不同的阶段,这个寻求内外创新资源并实现创新的过程是复杂的体系。这就要求进行开放式自主创新的企业应该有极强的学习能力,能将获得的知识、技术进行充分的消化吸收,加强创新主体的适应能力。

(三)基于复杂适应性系统的开放式自主创新体系构建

复杂适应性系统的概念主要是围绕霍兰提出的“四个特性”和“三个机制”而展开的。其中“四个特性”是由聚集特性、非线性特性、流性特性和多样性特性所反映的;“三个机制”是通过标识机制、内部机制和积木机制而起作用的。主体的特性是主体在复杂适应性系统的作用下,为了适应环境的变化,而不断通过学习、消化和吸收来适应的过程,而机制则是主体适应过程中的润滑剂、协调剂,反映的主要是整体与外部环境的适应过程。同样,在制造业开放式自主创新体系中也可以找到企业的主体以及机制如何变化的对应过程。复杂适应系统中所涉及的“四个特性”和“三个机制”不断循环往复地应用—反馈—应用。其中适应性主体不断修正自己的行为规则，适应外部环境的变化。

复杂适应性系统的“四个特性”。一是聚集特性，主体根据研发的相似性、共同性，通过“黏着”的特性来将可用的主体聚集到一起。聚集的效果是经过低层次的筛选之后在系统中进行研发活动。在装备制造业创新体系中，创新的主体由企业、大学、科研机构、政府和技术中介等大量相互作用的主体组成，这些主体通过相互作用而形成的聚集体可以形成更高级的主体，如产业联盟、产学研联盟等。这样可以在不同的层次上凸显聚集的特性。二是非线性特性，创新系统各要素间的相互作用，不是简单叠加，而是非常复杂。我国制造业体系中的主体具有适应和学习机制，并不是直接购买应用和简单模仿，而是通过消化、吸收、转化来逐渐提高创新能力。三是流性特性，就是主体与主体之间或者主体与环境之间通过聚集过来的点之间互相传递的物质流、能量流和信息流。我国制造业体系内由企业、大学、科研机构、政府等所构成的网络和各主体的相互作用中，存在着各种资源的流动。四是多样性特性，体现主体所具有的不同特性，反映出来的就是企业所具有的在某方面的优势，比如擅长某方面的研究，就像汽车企业，有的擅长研发发动机、显示屏、外观设计等。多样性是系统不断进化的前提。我国装备制造业体系中，每个主体均有其特有的技术、产品、服务特性以及科研成果和科研特长，由此决定了不同主体的多样性。

复杂适应性系统的“三个机制”。一是标识机制，主体通过对多样性的选择后，能够对不同的信息进行识别与反应。标识就是在多样性中选出有价值信息的过程，不同的主体对所取得的信息具有不同的识别与反应机制。在我国装备制造业体系中，企业、大学、政府、研究机构等联结在一起的产业技术、目标等都是标识，各主体的聚集，形成了不同产业、企业集团、产学研共同体、知识共同体等。二是内部机制，主体将收集到的创新源在企业内部实现转化并进行创新。要求主体在创新系统内部将经过选择的创新源输入系统的内部结构模型，选择模型的结构。在这个内部模型中，创新主体可以预见输入所获得的输出结构。企业、大学、科研机构、政府，都具备预见的机制和能力，如果遇到创新压力，可以通过改变内部结构如创新模式来推进技术创新，从而提高创新能力。三是积木机制，就是在开放式自主创新系统中的核心要素，如科研相关技术人员、资金、设备、科学技术知识和信息、管理体制与运行机制等都是不可少的积木，通过内部模型的作用产生不同的创新成果。在复杂适应性系统中，个体应该能够积极主动地调整各自的适应能力。这种个体与个体之间、个体与环境之间的交互过程，是经过企业以外的主体及环境的刺激而做出适合企业发展的反应的过程，这种主体主动对外界变化做出下一步行动的过程就是反应。

六、制造业开放式创新的必要性 ▶▶▶

2021年是“十四五”的开局之年，加快推进我国制造业开放式创新显得尤为必要。我国制造业已经形成门类齐全、规模较大、具有一定技术水平的产业体系，已是重要的支柱产业。在《国务院关于加快振兴装备制造业的若干意见》的指导下，我国制造业发展明显加快，重大技术装备自主化水平显著提高，国际竞争力进一步提升，部分产品的技术水平和市场占有率跃居世界前列。在全球化、现代化和信息化的大背景下，越来越多的产业、企业都致力于在开放中促进创新、在创新中提升开放，这日益成为各方的共同选择。然而从制造业整体水平来看，制造业自主技术创新能力仍然很薄弱，技术水平落后，与世界先进水平相比仍存在一定的差距。导致这种状况的主要原因是装备制造业缺乏拥有自主知识产权的产品，大部分产品属于模仿式创新，并没有自己的核心技术，尤其是一些大型设备，组装的占绝大多数，属于自己的核心技术的比重很小，产品附加值很低，工业附加值明显低于发达国家的水平。目前的一些高技术装备主要来自国外。我们在调研中发现，我国的一些大型制造业企业虽然创造的产品有一定的竞争力，但是生产这些产品的设备大部分是进口设备，本国设备使用比重偏小，可见对进口的依赖性很强。据统计，在湖北制造业中，光纤制造装备的100%、集成电路芯片制造装备的95%、石油化工装备的80%，以及轿车制造设备、纺织机械、高档数控机床及胶印设备等的70%为进口产品。因此，制造业企业急需提高自主创新能力，以适应当前经济全球化的需要。应该寻求新的思路来实现自主创新，开放式创新是装备制造业企业实现自主创新的可选途径。制造业选择在开放式创新体系下进行自主创新，并不是一个简单的、线性的选择过程，而是一个复杂的、非线性的适应变革过程。在开放的环境下形成一种从内到外的反馈机制，需要装备制造业的创新主体通过与其他组织（用户、供应商、竞争者、非相关企业、高校、研究机构、咨询公司、政府等）的相互作用和相互影响来进行创新活动。

（一）开放式创新成为自主创新的捷径

自主创新分为三个层面即原始创新、集成创新和消化吸收再创新。基础创新是原始创新的基础，这个基础研究周期长、研发成本高、见效慢，小型企业一般很难承担，大型企业一般也不愿意进行基础阶段的研究。为了绕开基础阶段的研究，企业可以选择向外部寻求相关的技术或者研究成果，也就是采用开放式创新的思想，从企业外部获得创新源。这些创新源可以直接向其他企业、大学或者研究机构购买，在经过集成创新或者消化吸收后再创新，从这些创新源中挖掘有用的信息，实现价值的突破。企业利用这些创新有针对性地进行研究，有助于提高企业的研发效率，企业的竞争力也相应得到提升。国内外有很多这样的企业通过选择开放式创新模式提高自主创新能力。例如，中集集团是世界领先的物流装备和能源装备供应商，作为行业的领先者，它是经历了收购美国的集装箱研究机构而成功的典型。又如，思科公司起初也未经过基础研究阶段，却发展到了前列，也是因为它选择从外部获得创新所需要的资源，尤其是引进了一些拥有技术的员工来为思科公司进行后续的研究。另外，思科公司还通过与一些先进的、具有一定研究成果的公司合作，或者直接与这些公司的研发人员合作，快速获得了很多直接的创新成果，使公司快速成长。

（二）开放式创新促进自主创新良性发展

选择开放式创新，一种是可以从外部获取更多的创新资源；另一种则是通过开放式创新将企业本身所具有的创新成果，不一定是由企业本身进行转化，还可以是寻求其他企业来进行转化。这样既可以避免研发成果因无法转化而浪费，又可以提高企业的收益，促进企业的发展，循环往复形成良性的发展过程。因为在企业进行研发的过程中，会取得很多专利技术，但并不是每一项技术将来都能实现商业化，为企业带来收益，往往这些技术会被搁置。这样将会出现以下问题。第一，创新成果申请为专利后，由于企业自身能力有限而不再继续进行后续的研发，经过技术的进步，这些闲置的专利可能会被新的技术所取代，这些专利就变得没有意义也没有价值。在这种情况下，企业可以选择开放式创新模式，换一种思维将它们开发成有价值的产品。就是说可以把这些专利放到市场上，为需要的外部企业所用，发挥其价值，同时也可提高企业的收益。第二，如果企业将这些技术闲置在企业内部，虽然申请了专利拥有了知识产权，但是难免会因为人员的流动而产生技术泄露的风险。因此应该将技术投入市场，这样不仅可以进行商业化，还可以通过与其他企业合作来实现专利技术的价值。例如，飞利浦公司将企业的一些专利技术通过转让的形式，当企业内部无法商业化后，收取一定的转让费使得技术为其他企业所用。这部分收益占到了企业总收入的很大部分，成为企业发展的收益来源，同时也提高了研发团队的积极性。

（三）开放式创新提高自主创新效率

在技术不断变化的情况下，由于进行创新的周期大都比较长，企业要想能够领先于其他企业研发出新的技术，并将之快速商业化，将会占尽先机，占有很高的市场份额，创造更大的收益，所以企业之间的竞争就看谁能快速创造出有价值的专利。企业启用开放式创新模式，可以很快获取企业内部所需的知识和技术，然后进行集成创新和消化吸收再创新。也可以为企业争取更多的时间了解市场需求，明确创新方向，提高创新效率，从而快速应对市场需求而创造出新的产品，并快速投放到市场，提高企业的竞争力。如宝洁公司就是这方面的一个很好的案例，宝洁公司将企业的研发扩展到向企业外部获得好的研发成果，这样就有更多的时间了解客户的需求，从而获得更多的创意。

我国制造业企业进行自主创新是有必要的。但是何种开放程度适合企业采用开放式创新，像是产品单一的企业或者有的企业并未受到人员流动性强、研发周期长、投资成本高等因素的影响，也许没必要进行开放式创新，依旧采用封闭式创新模式。还有部分企业还处在由封闭式创新模式向开放式创新模式的过渡时期。企业应该寻求外部资源，通过内外部资源的有效融合，提高企业整体的研发能力，进而提升企业的核心竞争力。根据《国民经济行业分类》(GB/T 4754—2017)的行业分类，装备制造业包括金属制品业、普通设备制造业、专用设备制造业、交通运输设备制造业、电气机械及器材制造业、电子及通信设备制造业、仪器仪表及文化用品办公机械制造业。从对我国制造业企业的创新密度、创新资金投入、创新关联性以及企业所在市场的波动情况的定性分析来看，交通运输设备制造业、电子及通信设备制造业的内外部创新投入均呈现出上升的趋势，说明企业具有更强的寻求开放式创新的意愿。普通设备制造业、专用设备制造业、电气机械及器材制造业虽然部分呈现出增长幅度较低的态势，但是从发展趋势来看，其也具有一定的创新资源投入，可以采用开放式创新模式来提高创新能力。金属制品业和仪器仪表及文化办公用设备制造业，从内外部的创新资源投入来看，与其他行业相比明显投入较小，呈小幅逐步增长的态势，主要是更多地采用封闭式创新模式，可以借助开放式创新来提高综合实力。从定量分析看，虽然独立的内部研发资本、国内技术购买资本和技术引进资本均对创新的产出做出了一定的贡献，而内部研发与国内技术购买资本、内部研发资本与技术引进资本、国内技术购买资本与技术引进资本的交互作用，也对创新的产出产生积极的影响，但是影响幅度小于独立的创新投入，采用内外部创新资源结合的开放式创新模式将对创新的产出做出更大的贡献。

本章小结 ▶▶▶

本章主要介绍了制度的内涵和来源、贸易制度的指标体系以及贸易制度变迁动因，分析了外商投资相关理论，主要有西方发达国家传统的外商直接投资理论、发展中国家外商直接投资理论和外商直接投资进入方式理论等，并分析了贸易制度对外商投资的影响以及贸易制度对外商投资影响机制，最后分析了制造业开放式创新理论。这些相关理论为后面的研究提供了一定的理论基础。

第三章

贸易制度对外商投资的影响研究

第一节 我国贸易关税制度相关分析

一、我国关税制度的发展历程 ▸▸▸

关税制度对主权国家来说是一项重要的制度，其对维护国家税收司法权益、保障进出口贸易的稳定以及增加国家财政收入等有着重要作用。关税制度是一个主权国家政府所制定的与关税有关的法律法规的总称，关税制度包括税收法律、税收行政法规和行政规章以及税务相关部门的规范性文件。关税政策和关税制度形成我国关税体系的有机组成部分。关税政策是政府以文件形式发布并要求组织和个人遵守的准则。关税制度是在关税政策颁布后依据政策效果所制定的法规或条例。两者相辅相成，联系紧密。中国关税政策包括两大部分：第一部分是税种和税率的设置；第二部分是吸引外资的减免税政策，以及相关的产业政策。税种和税率的设置依照国家经济发展水平和生产率水平，以及国家产业政策，与商品适用税种、税目、税率及征收管理办法相关联的政策法规，比如《海关进出口货物征税管理办法》等。吸收国际直接投资（FDI）的政策是国家对外商投资领域、投资方式所制定的一系列优惠减免政策，比如《国务院关于鼓励外商投资的规定》以及国家对保税区和高新技术开发区等所实施的各种优惠政策。关税制度和政策是为国家服务的，因而不同国家的关税制度和政策是不一样的，每个国家该实行何种关税制度和政策，是由该国政治、经济及相关的经济产业政策等因素决定的。

我国关税制度改革经历了四个时期，在不同的时期，关税制度对国家和社会经济建设做出了重要贡献。

（一）新中国成立至改革开放前（1949—1977年）

新中国成立后，积极探索合理的关税制度。1950年1月，中国政府在征求各方意见的基础上，颁布了《关于关税政策和海关工作的决定》，标志着新中国关税政策的确立。该项政策强调了关税征收的作用，并对海关人员和经贸工作人员在日常工作中进行监督，同时还要进行指导和管制，使得海关税收工作真正取得效果，为国家积累建设资金和发展国民经济起到重要作用。要求保护国内产品的生产，并与外国商品进行竞争。该时期的制度明确规定了海关的具体工作职责，并解除其他无关的职务，对外采取了内向保护关税措施，为国内幼稚产业的发展赢得了时间，但是也不利于这些产业的快速成长。在相关关税政策的指导下，还颁布实施了《海关进出口税则》，对进出口贸易做出了具体规定，有利于我国进出口贸易的发展。

（二）改革开放全面展开时期（1978—1991年）

1978年，我国推行改革开放政策，鼓励发展对外型经济，支持进出口贸易，使得我国对外经济交往日益繁荣起来，促进了我国市场经济的发展。随着FDI纷纷进入中国市场，中国相关的贸易制度和政策发生改变和完善。为了适应新的经济发展需要，我国对原有的关税制度进行了调整，1985年通过新的关税税则，并且采用了当时国际上通用的目录。《海关合作理事会商品分类目录》为我国所用，对我国商品的分类及编码制度进行了完善和修正。同时，我国对税制中的税率结构进行了调整，极大地促进了对外贸易经济活动的发展。

（三）全面实行社会主义市场经济时期（1992—2000年）

1992年10月，党的十四大召开，标志着中国进入了一个新时期，就是全面推进社会主义市场经济建设的时期，而且把这一目标作为经济体制改革的总目标。1992年1月1日，我国政府根据对外贸易交往和发展的需要，决定降低我国225种商品的税率，并对相关条例进行修正，从而形成了第三部关税税则。我国新关税税则的优点主要体现在三个方面。一是大幅降低我国关税税率。为了更好地促进对外贸易发展，满足国内消费需求，我国进行过多次调税和降税措施，关税降至23%。二是逐步优化我国的关税结构，提高对企业产成品的有效保护率。三是改革我国关税的减免优惠制度。根据实际情况的需要减免进口关税，并随着经济和贸易的发展而适当地进行制度变迁。这一阶段，国家的关税政策主要体现在保持相对合理的税率，并强调对民族工业进行有效的保护。我国的关税制度和政策体现了国家的产业政策，也有利于国家对进出口贸易的调控。

(四)加入 WTO 以来(2001 年至今)

2001 年 1 月 1 日，我国对海关进出口税则进行了调整，对部分税目和税率也进行了相应完善。这部分进口商品税率调整幅度较大，调低进口税率涉及税目 3462 个，关税总水平降至 15.3%，降低了约 0.23 个百分点等。我国大力推进节能减排，并进行经济结构调整，对相关行业的关税制度进行了调整。关税制度的修正和完善体现了国家的政策意图。

二、我国关税制度的调整变迁 ▶▶▶

(一)我国关税制度的变迁尽量和 WTO 规则保持一致

我国关税政策的制定依据国家的政策需要以及国家对外贸易发展的客观实际。关税水平从总体上来看，是在调整中继续呈递减趋势，但是有一定的限度。关税降低是我国经济自身发展的一种客观要求。我国关税水平在递减到一定限度后其变化减缓，我国的产业体系在放开一段时间后又需要适度的保护。关税在减让中要保持合理，就需要有个合适的关税水平点，这也是关税制度和投资政策如何协调平衡的问题。

(二)我国关税结构在逐步优化和改进

我国关税在调整中形成了高、中、低等不同的产业有效保护结构。一是有效保护率低于 17%的部门，这些是低关税保护部门，主要包括采掘、电力、石油、造纸、化学及文教用品制造等行业。二是有效保护率在 17%至 30%之间的部门，属于中等关税保护部门，包括农业、建筑材料业、家具制造业及金属制品业等。三是有效保护率高于 30%的部门，这些是高关税保护部门，主要包括运输设备制造业、电气机械和器材制造业、皮革制造业、纺织业、食品制造业等。

(三)我国关税收入呈现先高后低的抛物线形趋势

在开始阶段，关税收入不断增加，之后出现递减，呈抛物线形发展。在今后一个时期内，我国关税收入随着对外贸易发展还可能上升，这说明关税结构在进一步调整，我国进出口贸易量在不断增长和变化。随着国家之间经济的发展，关税的财政功能逐步弱化，关税收入呈现递减，关税政策和财政政策出现均衡。

(四)我国关税征管制度在不断优化与完善

我国关税征管制度正在进行改革，是税收征管制度的一项重要制度，依照进出口货物账目建立复合通关体系和集中式征税体系，采用进出口货物的关税征管方式。同时，结合企业分类管理模式，对不同商品实施不同关税征管方式，并建立适应国际贸易发展的关税担保制度等。

三、我国关税制度的重要作用 ▶▶▶

（一）维护国家主权和经济利益

关税制度设计对一个国家有着重要的意义，制定合理、完善的关税制度有利于维护国家主权和经济利益，以及规范进出口经济贸易活动，并对进出口起着经济调节作用，是一个国家平衡进出口贸易的利益杠杆。关税制度还为政府海关部门进行征税提供了法律依据，并对经济活动提供了重要保障。一国采取的关税政策与本国的政治经济利益相关，关税征收也是一个国家经济主权的象征，关税制度对国家之间的经济利益也产生直接影响。关税已成为国家维护本国主权和经济权益，甚至是国与国之间政治与经济斗争的重要武器。我国关税制度坚持平等互利原则，争取关税互惠并反对国际范围内的关税歧视，这对促进我国对外经济交往、维护国际经济秩序有着重要意义。

（二）保护幼稚产业

实施关税制度的具体目标还在于保护幼稚产业。对于我国来说，特别是加入 WTO 之后，面对海外发达国家纷纷向我国出口各种产品，对我国幼稚产业带来极大的竞争压力。在这种情形下，很有必要制定合适的进口关税税率，尽可能阻碍他国产品进入该行业，以免对该行业造成打击。在必要的时候，可以对我国尚处于薄弱阶段又很关键的行业实施关税制度保护，对国外进入我国薄弱行业的同类产品征收高额进口关税，以保护我国幼稚产业的成长，使其快速壮大起来，从而更好地参与国内和国际竞争。

（三）筹集国家财政收入

合理的关税制度可以很好地保障国家的关税收益，对增加国家财政收入具有重要作用。从世界大多数国家的税收制度和税制结构分析，一国的关税收入在国家财政收入中比重不大且呈现下降趋势。对一些发展中国家来说，特别是一些国内商品经济不发达，而且国民经济依赖初级资源产品出口的国家来说，关税仍是重要收入来源。对那些需要大量进口他国消费品的国家以及国内许多消费品或资源依赖进口的国家来说，征收进口关税也是取得财政收入的重要来源之一。对于我国来说，关税收入在财政收入中占有重要地位，关税收入为经济建设和社会发展提供了重要资金支持。完善关税制度，加强关税征收管理，仍然是我国关税制度建设的重要内容。

四、我国关税制度效应的相关评价 ▶▶▶

（一）对关税制度成本的评价

有效制度和政策的成本是以小于或等于预期成本并实现或者超过预期目标来衡量的。关税制度成本包括制度在制定和实施时的费用、制度不合理带来的损失、制度改革的成本增加以及制度的机会成本等。在20世纪90年代以前，我国关税税率一直偏高，影响了对国外商品的进口，不利于和外国的商业贸易往来。随后我国多次较大幅降低关税税率，甚至实施关税减免政策，这些不仅要付出制度研究成本，还有制度执行的费用，最主要的是财政收入损失。但是从另一个方面讲，关税总水平或税率的下降并不一定必然导致关税收入的减少。我国关税名义税率较高，但实际税率较低，接近WTO发达国家成员国关税税率的平均水平，这样，高关税就不一定是高税收。高关税会使国内外商品最终市场价格存在巨大差异，诱发走私和逃税行为的出现。这样反过来会增加政府部门的管理成本，使得名义税率和实际税率更加背离。从长远来看，减免关税及加强征管有利于提高我国的关税收入。

（二）对关税制度效益的评价

在评价关税制度时，我们离不开衡量关税制度在执行中所带来的效益。Hill利用一般均衡方法来定量分析关税制度效益问题，并计算出美国诸多行业中的7个行业的最优关税率。Hill通过计算分析，发现在行政成本考虑方面，企业更偏爱关税税率的降低而不一定是关税补贴。并由此得出，在关税制度制定时，关税政策是比其他贸易政策更重要和更优先考虑的问题。因此，对贸易制度的效益评价，可以选取关税制度的效益评价作为替代。所用的方法是成本-收益分析法，一般是用关税制度制定后所带来的损失与收入的对比值作为衡量标准，并以此来评价是不是有效的关税制度，所得大于损失即表明关税制度是有效的。这也说明我国在关税制度和关税政策方面的调整效果明显。一个国家为了与他国扩大贸易往来，有时候会采取低关税甚至零关税优惠政策。从表面上看，这会导致国家财政收入的减少。但是从另一个方面可以发现，我国和其他很多国家之间的贸易额得到了迅速增长，同时促进了国与国之间的友好政治关系和经贸合作关系。这对我国扩大对外投资规模和促使国内企业走向全球市场参与竞争有积极推动作用,所取得的政治资本和经济效益会更大。

(三)对关税制度效力的评价

哈罗德于1933年提出了贸易乘数理论。马克卢普将凯恩斯理论中的国际收支差额学说和投资乘数理论融合在一起,研究对外贸易与增加国民就业及提高国民收入的倍数关系,从而提出外贸乘数理论。该理论认为:一个国家的对外出口和国内投资,对就业和收入有倍增效应;进口和储蓄,对就业和收入有倍减效应。当企业进行商品劳务输出以获得货币收入时,会使收入和消费增加,从而引起其他部门生产和收入增加;当企业进行商品劳务输入而支付货币时,会使收入和消费减少;当对外贸易为顺差时,才能增加国民就业和收入。贸易乘数理论,具体是指净出口量与国民收入变动量的比例。肖晴初(2004)经研究认为,税率变化引发的税收乘数效应比非税收乘数效应大,也比转移支付的乘数效应大;不管现行税率高低,提高或降低关税税率对于经济产出的乘数效应是一致的。总之,关税制度的效力,也就是说国民经济产出增速能否比税收增速更高,取决于一国国内消费水平和国际贸易水平之间的比值。

我国改革开放的实践经验表明,我国在对外贸易和经济发展过程中,社会生产力的增长很大部分来自国外的先进商品、资金和技术等,对外开放政策极大地促进了我国进出口行业的整体发展。在我国关税制度的变迁过程中,1981年之后所进行的关税税率下调,体现在关税下降对国民经济增长的贡献上。在改革开放及其前期,我国关税税率比较高,之后对关税税率进行下调,使得我国和世界其他国家之间的经济贸易发展迅速,这对我国的经济增长具有重要贡献。当然不仅仅是关税制度的调整,还有很多其他贸易制度和因素对我国经济的快速增长起着积极的推动作用。我们得出以下结论。第一,关税减让和优惠政策对我国经济发展作用重大。在关税制度调整前的高关税制度对保护国内相关行业起到过积极作用,随着经济的发展,关税制度进行了修正和完善,关税税率的调低和减让促进了我国对外贸易的发展。第二,关税制度的调整要合理进行,不能无限调低,关税税率的确定要考虑国家经济的具体发展阶段。我国当前不高的关税水平对经济增长的影响力在降低,梯度关税政策对我国制造业起到一定保护作用,降低关税税率可以促使国内企业产生竞争压力,使其不断进行技术创新和产业结构优化升级。第三,关税制度的调整对经济增长的影响是间接的,当我国对外贸易发展迅速或者繁荣的时候,调低关税税率能有效促进经济的发展。如果时机不合适,盲目调整或者降低关税税率,不仅不能增加GDP,还可能减缓经济增长。

第二节 外商投资在我国发展相关分析

一、外商投资发展及其区位分布分析 ▶▶▶

(一)外商投资发展的现状及阶段分析

随着我国经济的快速发展以及发达国家的跨国公司纷纷进行海外投资和扩张,一些国际资本加快了对华投资和产业转移的步伐。特别是我国的相关制度及贸易制度建设在不断优化和完善,相对良好的制度环境和投资前景吸引着外商直接投资进入中国市场,进一步促进了我国经济持续快速稳定增长。我国已成为全球第二大经济体,并成为外商投资的热地。我国应在此基础上进一步改善各项制度及贸易制度环境,吸引更多高质量的 FDI 进入国内各区域,同时还要加大对外商投资的监管,以便引导外商投资在我国健康有序发展。

我国引进外商投资经历了一系列阶段和历程,自从实施改革开放政策以来,吸收外商投资从小到大、自东到西、由次到优,逐步发展和壮大起来的。从 1992 年开始,外商直接投资超过对外借款成为我国利用外资最主要的形式,外商投资对我国经济建设起到巨大的促进作用。外商投资在我国的发展历程大致可分为五个阶段,依次是萌芽阶段、初步投资阶段、高速增长阶段、结构调整阶段和稳步发展阶段。

(1)1979—1984 年,萌芽阶段。这一时期是中国吸收 FDI 从无到有的起步阶段,也是相关法律制度建设及改革开放的初步阶段。

(2)1985—1991 年,初步投资阶段。随着中国投资环境的改善及前期利用 FDI 取得的成效,外商对华投资过渡到初步持续投资阶段。

(3)1992—1996 年,高速增长阶段。这一时期是利用 FDI 的高速增长阶段,邓小平南方谈话迈出了中国对外开放的步伐。

(4)1997—2001 年,结构调整阶段。这一时期由于亚洲金融危机及国家经济政策调整的影响,中国引入 FDI 进入相对平稳时期。

(5)2002 年至今,稳步发展阶段。随着“入世效应”的影响,中国按照国际投资惯例,放宽外商投资的市场准入限制,刺激了外商投资在中国的发展,掀起外商在华投资的新高潮,使中国进入了全面加快利用外商投资的新阶段。

(二)外商投资发展的区位分布分析

改革开放以后,我国吸收外商投资的质量和规模有了更快发展。我国对外开放是全方位的开放,也是对全世界所有地区的开放。随着我国各种制度体系的健全和完善,我国巨大的市场潜力和优越的贸易投资环境必将吸引更多外商到我国进行投资,从而推动我国经济更加快速地发展。

我国在改革开放初期,外商投资流入的区域分布不均衡。从引进外商投资的时间来看,1983 年,我国东部地区利用 FDI 的比重占全国 FDI 的 92.9%,中、西部地区分别占比 2.1%和 5.0%,东部利用的 FDI 主要集中在广东和福建等东南沿海地区。到了 20 世纪 90 年代,在 1994 年东部地区利用 FDI 占比下降到 84.05%,中、西部分别上升到 7.62%和 8.33%。2001—2016 年,东部地区利用 FDI 占比上升到 90.32%,中西部的占比则分别下降至 6.22%和 3.46%;2008 年,我国东部地区利用 FDI 占比为 84.79%,中、西部则分别上升到 8.05%和 7.16%。1994—2016 年统计数据显示,我国东、中、西部地区吸收 FDI 的金额分别达到 6829 亿美元、694 亿美元及 366 亿美元,这三个地区引进 FDI 的金额分别占总引进额的86.56%、8.80%和 4.64%。随着中国吸引外商投资政策的调整和完善,将会对中西部区域和东部区域实行同等待遇和相同的引资政策,这样,我国中西部地区在吸引外商投资的数额和比重上将会有一定的提升,有利于我国各区域利用外资的均衡发展。但是“东高西低”的不均衡状态在短期内不会有明显的改观,我国东部地区将由于区位优势等将在一定时期内占据着吸引外商投资的主导地位。

二、外商投资在中国贸易制度变迁中的地位 ▶▶▶

中国自 1978 年开始推行渐进式经济体制改革,这种经济体制改革是转变之前以行政为主导的资源配置方式,并逐渐坚持以市场为中心的资源配置方式。这是很重大的一次制度改革和变迁历程,对我国的经济发展和对外贸易体制带来深刻影响。在这次变革中,坚持发展对外贸易、积极吸收外商投资是我国深化贸易体制改革中很重要的方面。积极鼓励外商投资进入中国市场是中国经济体制改革的重要内容,这一进程与中国的经济体制改革相互促进,紧密联系。

(一)外资企业在我国各类企业中享有较高政治经济地位

经济基础决定上层建筑,拥有强大经济实力的企业在一个国家的政治地位和经济地位也必然会很高。中国有各类企业,主要是国有企业、集体所有制企业、民营企业和外资企业,它们的政治地位的差异,决定了它们在政治支持、税收、融资、商业机会、外汇及法律保护等方面享受不同的待遇。由于政治与历史等方面的原因，我国不同所有制企业的政治地位不同，我国国有企业在国家经济体系中占主导地位，并且国有企业掌控国家的经济命脉，因而享有最高的政治地位。集体所有制企业为国家与集体所有，也就享有类似的地位。外资企业享有次要地位，民营企业地位最低。

外资企业在我国享有较高政治经济地位与我国实施的对外开放政策紧密相关。随着我国对外开放政策的实施，积极引进外资成了我国很重要的方针政策，并被放在突出地位，招商引资的业绩成了考核地方政府官员的重要指标之一，甚至在有的行业，外资企业比国有企业享受更优厚的政策。从长远经济发展来看，我国会进一步推进市场经济体制改革，国有企业的地位会不断降低，加之政府在扶持民营经济，使得民营企业的地位不断提高。这样，国有企业、外资企业和民营企业间的差距日益缩小。外资企业不仅在经济发展中占据重要位置，而且是国家发展对外关系的纽带，因而具有特殊的政治经济地位。引进外商投资也将在我国的政治经济制度和对外贸易制度变迁方面发挥着更加积极且重要的作用。

(二)外商投资在中国制度变迁的总体进程中占有重要地位

随着我国积极推进改革开放和扩大对外贸易，我国的经济体制领域在不断进行着制度变迁和改革。吸引外商投资是中国改革开放以来实施的重要举措之一，是我国对外贸易制度的有机组成部分。它的发展受制于中国经济发展的总体战略，并在中国制度变迁的总体进程中占有重要地位。在实行改革开放初期，由于中国对外贸易不发达，加之国家外汇储备较少，使得外汇一直都很短缺。为了保证国家对外贸易的顺利发展和外汇收支平衡，中国政府要求外资企业维持外汇收支平衡。20 世纪 90 年代之后，随着中国外汇体制改革不断深化，对外贸易发展较快，国家外汇储备有了很大的增长。在改革开放初期，中国对外资的进入施加种种限制，对外资股权比例和外资进入领域都有严格限制，随着改革开放的推进才逐步减少了这些限制。

外商投资进入中国之后，外资企业一般会按照 WTO 原则和国际惯例从事经营活动，这就需要我国国内的制度和国际相接轨，还要有相对健全的市场体系。这样外资企业就要求中国进行相关制度建设，从而促进中国制度变迁的步伐。外资的进入还要求我国在金融和外贸体制方面进行改革，建立和完善产权市场及证券市场等，这些都要求政府部门运用税收、利率及汇率等经济手段进行宏观调控，促进政府职能的转变。外资的进入在推动中国贸易制度变迁的同时，还使得中国贸易制度环境得到不断完善，外商企业在中国的投资行为规范受到中国贸易制度的制约，同时对中国贸易制度有促进作用。因此，外商投资与中国贸易制度变迁是相互影响的互动过程，外商投资影响着中国的贸易制度变迁，同时又受制于中国改革开放的总体进程。

三、外商投资溢出效应分析 ▶▶▶

(一)外商投资溢出效应的理论发展

20世纪60年代初期,经济学家 MacDougall 最早认识到外商投资溢出效应,并把技术外溢效应作为外商投资的一个显著现象进行研究。在凯恩斯和新古典主义经济学观念里,国外资本与国内资本具有同质性,外商投资对东道国的经济增长不会产生明显的影响。Arrow 等带动内生理论模型逐渐重视外商投资对东道国经济增长的影响,其他学者也开始研究外商投资影响经济增长的相关途径,认为外商投资的溢出效应,是影响东道国经济增长和贸易制度变迁的重要因素之一。

所谓外商投资的溢出效应,是指外商投资的流入对东道国经济效率与经济增长产生的不受到跨国公司的意志控制的非主动性的影响效应。这种影响效应的范围越来越广泛,成为外商投资流入影响东道国产业经济的重要方式之一。在后期研究中,外商投资溢出效应理论研究内生增长理论中的资本积累、人力资本投资和技术研发产生的外部性。Caves (1971)把外商投资对本地厂商产生影响的外部性分为三类进行研究:第一类,跨国公司进入存在进入壁垒高的产业,并打破原有垄断格局,使资源配置更加合理化;第二类,跨国公司进入带来了示范效应和竞争效应,促使东道国企业有效利用资源并推动生产效率的提高;第三类,跨国公司的进入加快溢出效应和扩散效应的速度。Findlay(1978)在外商投资溢出效应领域也做出了重要贡献,通过局部均衡理论模型研究外资溢出效应的决定因素,设定了发达国家向落后国家投资产生溢出效应的内生动态模型,发现影响因素有投资份额和技术差距,还提出影响投资份额和技术差距的相关参数等间接影响因素。Blomstrom (1992,2002)发现外商投资溢出效应在跨国公司与东道国企业的频繁接触中发生,其比较优势并不通过市场交换就能逐渐转移给本地企业。

通过外商投资的溢出效应,可以使本地企业对自身的组织和产业结构进行改革,进而促进国家贸易制度的变革,以采用更有效的措施来吸引外资进入,从而带动本国企业整体技术水平和竞争能力的提升。

(二)外商投资溢出效应的途径

外商投资溢出效应引起了很多学者的研究兴趣,他们着重研究这一领域并验证 FDI 对东道国企业所带来的溢出效应以及产生溢出效应的相关途径。在这些研究中,我们可以从四种溢出效应来划分出四种途径。

第一种为示范效应的途径。Findly(1978) 最早提出示范效应,又称传染效应。他通过研究发现，东道国国内企业可以通过不断模仿和借鉴学习的方式，向外资企业取经，学习外资企业新的技术、先进的生产流程及产品管理经验等，并加以吸收和消化，为本公司所用，不断完善自身的组织结构，优化自身的企业管理制度，这样就可以提高自身的生产技术和管理水平，提升自己的竞争能力。

第二种为竞争效应的途径。Mansfield 和 Romeo (1980)通过研究美国企业进入英国后的溢出效应，发现美国企业进入当地后，英国企业在被动学习和模仿之后，与美国企业在市场上进行竞争。竞争效应的途径就是由于外资企业的进入而导致国内市场竞争加剧的效应，竞争效应使东道国企业不得不对运营机制进行改革，加快研发和产品更新换代的速度，优化产业结构升级，改善相关企业制度，适应来自外部的竞争压力。这种竞争效应产生的路径是：外商投资进入的优势转移—东道国市场竞争加剧—本地企业被迫进行模仿和学习。

第三种为人员培训效应的途径。人员培训效应指外资企业对当地管理及研发人员等进行培训，使得人力资本存量得到提升而产生的效应。外资企业在当地生产经营，都会对员工进行培训，受训后的员工流入当地企业或企业自身都会使比较优势得以传播，外商投资溢出效应与受训后的员工流动速度和频率成正比。Caves (1996)经研究发现，外资企业人员培训加速了外商投资溢出速度，外资企业人员培训效应的溢出效果取决于所培训的人员是否能被当地企业雇佣。Gerschenberg (1987)认为，外资企业提供更多的培训项目和更多的支出经费，外商投资溢出效应取决于人员在地区间的流动。Katz(1987)认为，跨国公司受训人员工资高于发展中国家本地企业员工，这样难以促进受训人员外流，甚至还会出现逆流。总之，促进外商投资溢出效应关键在于有畅通而有效的人员流动渠道。

第四种为关联效应的途径。关联效应也称链接效应，是指外资企业与本地企业通过上下游产业链的合作而带动当地企业进步所产生的效应，分为垂直产业链接效应和横向产业链接效应。外商投资溢出效应交易一般在垂直产业链接效应中发生，包括在“上游产业链”效应或“下游产业链” 效应中产生。Lall (1980)经研究发现，外资企业进入本地后通过当地采购化来实现溢出效应。东道国企业大多要求外资企业进行当地采购化，这样就使溢出效应成为可能。东道国根据对外资企业当地采购要求来度量产业链条，并能够根据外商投资溢出效应的大小进行衡量。在外商投资溢出效应的途径中，示范效应、人员培训效应和竞争效应大多发生在产业内，链接效应大多发生在产业间。溢出效应可能存在正外部性和负外部性，一些学者经研究发现，产业内溢出效应大多比产业间溢出效应要小。其原因在于外资企业一般都注重技术和专利的保密性，不愿将企业的技术、专利和经验与竞争企业分享，还会通过限制防止同类企业的模仿。引进外商投资，会使外资企业抢占东道国企业的市场份额，使国内企业的生产成本上升，加剧企业之间的竞争。

上文分析了外商投资溢出效应的四种途径，通过对外商投资溢出效应的途径分析，我们知道外商投资流入产生的溢出效应会给东道国的本地企业带来巨大冲击和影响。从长远来看，溢出效应所引发的竞争会进一步促进东道国加强企业制度建设，进而促使东道国不断进行经济制度和贸易制度等相关制度的改革和变迁。

(三)外商投资溢出效应的外部性分析

外商投资溢出效应对东道国的制度建设和企业的生产经营活动有着重要的影响，这种溢出效应体现了各种要素在不同国家和地区之间的流动，对东道国的制度和经济发展产生直接和间接的影响。外商投资溢出效应的直接影响是跨国公司与东道国企业在合作与交易中的要素转移对东道国所产生的影响；间接影响是跨国公司的投资活动对东道国产生的外部效应，这些外部效应包括很多方面，既有通过竞争效应和模仿效应等产生的正外部性影响，也有通过挤占效应和竞争效应导致东道国企业成本上升等产生的负外部性影响。

Caves (1974) 研究了外商投资溢出效应的正外部性，认为原因是跨国公司为东道国带来竞争机制的改变，通过竞争促使东道国进行各种资源的合理配置。Blomstrom(1983,1989)发现，当地企业与跨国公司生产力逐渐接近时，外资份额越高会使东道国企业生产力提升越快，外商投资具有正溢出效应。Kokko (1992,1996)认为，外商投资带来的溢出效应是跨国公司带动技术和生产力的发展，使企业生产率不断提高，通过相互竞争产生溢出效应，外商投资溢出效应是跨国公司与当地公司相互作用的结果。Dunning (1993)认为，外商投资溢出效应是跨国公司与东道国公司交易与合作中直接获得的好处。Lanping(1996)认为，外商投资溢出效应是跨国公司的优势与东道国市场交换以及人才流动扩散出去的状态。Liu (2000)发现，本地企业和外资企业的技术差距相对较小的行业内存在非常明显的外商投资正溢出效应。Gimla 和 Wakelin 发现，在不同国家，外商投资产生的溢出效应不同。一些学者研究发现，外商投资对东道国产业有程度不同的正溢出效应，各国或地区要素条件的差异会产生外商投资正溢出效应的差异。还有部分学者如 Aitken 和 Harrison (1999)、Djankov 和 Hoekan (2000)、Girma (2001)及 Barry (2001)经研究发现，外商投资存在负溢出效应。

外商投资溢出效应会随着东道国区域的不同而产生不同的变化。在外商投资进入东道国初期，由于具有竞争优势，会抢占东道国企业的市场份额，外商投资溢出效应并不明显。随着外商投资的继续进入，正外部效应会超过竞争效应，从而带动东道国企业的发展，进而促进东道国内贸易制度等相关制度体系的健全和完善。

四、外商投资在我国贸易制度变迁中的作用 ▶▶▶

（一）外商投资促进我国贸易制度变迁的发展进程

自我国实行改革开放政策以来，一直在积极扩大引进外资。随着外资的不断进入，又继续推动着我国各方面制度体系的变迁。特别是在社会主义市场经济体制确立后，外商直接投资成为我国发展对外贸易政策中很重要的内容。外商直接投资的进入，不仅带来了资金和技术，还带来了先进的管理经验，并进一步解放了国民的思想，推动着国民的意识形态和思想观念的转变，使得我国更加积极地开眼看世界。

我国为了更好地引进外商投资，不断完善各种制度及相关法规，保护外商投资者的利益，同时使得国内的各项经济和法律制度不断和国际接轨。还在引资政策上进行改进，对来华投资的外资企业实行了更加优惠的政策。这样，外商投资者在中国吸引投资的优惠政策的激励下，大量进入中国市场，一些三资企业快速增长，特别是沿海城市和地区，引入外资更多。这些外资的进入不仅带动了当地经济的快速增长，而且促进了我国政府和地方相关制度的进一步完善，特别是促进了我国对外贸易制度的完善，包括海关关税制度、汇率制度及金融管制制度等的变迁，使得我国市场经济更好地和国际接轨，从而进一步推动了我国改革开放和对外贸易制度变迁的进程。

（二）外商投资取代民营经济推动着我国的贸易制度变迁

中国是个发展中大国，而且国内不同地区经济发展不平衡，因此制度设计难以满足不同区域的实际需要，很多制度安排都具有不同于市场化国家的特点，使得外商投资的引进对中国制度变迁影响程度较高。一些发达国家的私有经济已成为经济快速发展的引擎，在国家经济结构中占据重要地位，在市场经济体制下，民营或私有经济已成为带动制度创新与制度变革的核心力量。

在中国，外商直接投资的地位很高，可以说是取代了民营经济的地位，在中国贸易制度变迁中起到重要作用。由于中国计划经济意识影响较大，民营经济一直处于被束缚甚至被边缘化的位置，使得民营经济难以在制度变迁中发挥应有的作用。在市场准入机制方面，有很多允许外资企业进入却不允许民营企业进入的部门，私有经济的社会认可程度较低，在制度变迁进程中的作用不如外资经济。在审批和政策优惠方面，能够给外资企业更多优惠政策而民营企业却难以享受。这样一些待遇和政策上的差别造成了我国特有的外资模式，使得外商投资取代民营经济在中国贸易制度变迁中所扮演的角色。

(三)外资企业作为利益主体影响制度变迁路径

外资企业进入我国市场,很重要的是在追逐利益,因而,其本身也就是独特的、外来的利益团体,在推动我国市场经济体制建立的过程中扮演着重要角色。外资企业是推动我国贸易制度变迁的主导力量之一,重要原因是希望制度的完善能为其带来利润最大化。同时,外资经济也逐渐成为我国经济结构体系中很重要的组成部分,外资利益主体作为一个特殊的群体影响着我国制度变迁和改革的路径。

外资企业由于利益的关联性,对推动制度变迁有着强大的内在需求和动力,并一直在关注和推动东道国市场的制度变迁过程。由于外资企业进入东道国是为了实现自身利润最大化,因而其在经营活动中必然会要求东道国提供良好的制度环境和投资环境。此外,进入我国的外资企业大多实力雄厚,经营机制健全,且大部分来自发达国家或地区,自身有着完善的运营机制,适应市场经济的能力也很强,这样就不可避免地要求东道国能按照与其自身相似的经济管理制度来进行运作。加之我国还是发展中国家,市场经济体制还不健全,一些制度和政策还不成熟,外资企业为了自身需要,就会要求我国的相关制度按照它们国家已经成熟的制度来建设,这样就会极大地影响我国制度变迁的路径和轨迹。

外资企业不仅自身经济实力雄厚,而且还代表着投资国本身的利益,它们不仅利用自身的影响力对东道国的制度建设施加影响力,还会游说本国政府对我国政府施加一定的政治与经济压力,以使我国政府在制定相关政策时更多地考虑它们的需求,或者按照它们的经济运行模式进行制度构建。这样,外资利益主体就会逐步渗透和进入相关地方政府的权力部门,直接或间接地影响政府制定政策的过程。我国为了更好地招商引资,并发展同投资国之间的贸易往来和友好关系,也必然会考虑外商利益主体的利益诉求,从而或多或少地在外商利益主体的影响下,进一步完善政府职能,制定有效的外资政策,并适当满足外资企业的需求,从而增强外资企业进一步投资的动力与信心。

外商投资主体进入我国,还会打破我国原有的经济制度格局以及所有制结构体系,并以独资或者合资的形式参与企业经营管理。这可为我国企业进行机制改革注入新鲜血液和带来更强劲的活力,还可以加快国有或民营企业制度变革的进程,打破国有企业的绝对垄断格局,增强民营企业的实力,并为整个市场经济带来竞争活力。外资利益主体进入我国后,还会对我国的监管体制施加影响,保护其在兼并和收购我国企业过程中的合法权益。因此,我国监管部门也加快了监督管理体制建设,出台相关的法律法规对企业行为进行规范管理。由于外资利益主体的进入,我国在各项制度变革过程中,都会或多或少受到来自外资利益主体的影响,一些相关的法律制度、金融制度和税收制度等会在社会主义市场经济体系的建设轨迹中不断进行变迁。

第三节　美国对华贸易摩擦的相关影响分析

自改革开放以来，随着中国经济的快速发展，引起了西方国家的戒备心理，产生了贸易摩擦，其中以中美贸易摩擦为主，下面重点探讨美国对华贸易摩擦带来的影响。尤其是2016年特朗普当选美国总统以来，以中美货物贸易巨额逆差为由，美国采取了一系列针对中国的行动，挑起了对华贸易战。2018年3月23日凌晨，美国总统特朗普签署备忘录，基于美国贸易代表办公室公布的对华“301调查”报告，指令有关部门对从中国进口的约600亿美元商品大规模加征关税，并限制中国企业对美投资并购。这是现代历史上美国总统对中国开出的最大一笔贸易制裁，同时标志着特朗普酝酿已久的对华贸易战即将打响。此消息随即引发了股市的震荡，上证综指收跌3.39%，创2018年2月9日以来最大跌幅；深证成指跌4.02%，创业板指跌5.02%。全球市场都感受到了贸易战的威力，道琼斯指数跌1.77%，纳斯达克综合指数跌2.43%，标普500指数跌2.1%，日经225指数跌4.51%，韩国综合指数跌3.18%，澳大利亚ASX200指数跌1.96%，全球股市因此蒸发了约2万亿美元，中美贸易战对全球市场带来极大的影响。

随着中美贸易战持续升级，中兴通讯事件成了美国政府针对中国企业、打击中国芯片产业的切入口。2018年4月16日晚，美国商务部发布公告称，美国政府在未来7年内禁止中兴通讯向美国企业购买敏感产品。2018年4月19日，针对中兴通讯被美国“封杀”的问题，商务部表示，中方密切关注进展，随时准备采取必要措施，维护中国企业合法权益。2018年4月20日，中兴通讯发布关于美国商务部激活拒绝令的声明，称在相关调查尚未结束之前，美国商务部工业与安全局执意对公司施以最严厉的制裁，对中兴通讯极不公平，不能接受。美国之前对华贸易制裁主要集中在钢铁、铝、光伏等产业，这些商品的贸易量占中美贸易大盘的比重比较小，影响不是特别大。但这次贸易制裁是一个转折，不再是针对传统的贸易摩擦商品，而是聚焦于高新技术等产业。

2019年5月9日至10日，第十一轮中美经贸高级别磋商受到世界关注，双方迄今已在加强知识产权保护、扩大市场准入、促进双边贸易平衡等方面取得诸多实质性进展。但在中方核心关切问题上仍存在分歧，美国新一轮对中国输美商品加征关税，促使中方明确表示不得不采取必要反制措施。从本质上来说，中美贸易原来是一种互补型贸易，但随着中国产业升级，越来越向高端、高科技领域迈进，中美经济的同质化竞争越来越激烈，特别是在芯片、电子、人工智能等高科技领域。这次转向，也意味着美国将从传统的贸易保护思维转向基于经济安全、产业安全、国家安全的保护主义。中国对外贸易发展不会受到外部压力的干扰，并正在加快从贸易大国走向贸易强国，巩固外贸传统优势，拓展外贸发展空间，这次中美贸易摩擦也无法阻挡中国经济前进的脚步。

一、对华贸易战的主要领域 ▶▶▶

(一)对华贸易战的贸易领域

贸易领域主要集中在技术、知识产权保护和政府补贴等方面。特朗普政府短期目标的重中之重就是大幅减少美中贸易逆差，这意味着贸易领域仍将是其首要战场。中美贸易摩擦中，美方首先针对的是所谓中国给美国商业利益造成了“不合理或歧视性”的限制的四个方面，即强制技术转让、歧视性许可、政府支持投资兼并获得美国先进技术、网络窃取商业信息等。除此之外，还有两个方面也是值得关注的，一方面是数字贸易壁垒，另一方面是美国和我国台湾地区开始自由贸易区谈判。美国对华贸易保护无外乎反倾销、反补贴、提高关税以及特别301条款、337条款等手段。值得警惕的是，特别301条款和337条款调查，由于其不需要经过WTO，且程序相对简单，很可能成为特朗普推行对华贸易保护的重要手段。同时，为履行竞选承诺，特朗普可能以建设所谓公平双边经贸关系为由，要求我国减少对美国商品、资本、信息的管制和壁垒，在各类全球经济治理平台对我国施压。

(二)对华贸易战的投资领域

投资领域主要集中在收紧对华投资的不动产、股权等方面。特朗普发起的对华“301调查”报告，指责中国政府对涉及大规模技术转让的投资兼并进行指导和帮助，这表明投资领域也将成为“战场”。美国两党议员联合发起的《2017年外国投资风险评估现代化法案》，将扩大外国投资委员会的审核范围，其中包含不动产投资、股权投资与变更、专有技术和知识产权合作投资等，并将收紧赴美相关专业的学生签证和学术交流，进一步指责“网络间谍行为”，在贸易技术转让、人员往来及投资方式等方面对我国进行打压。

(三)对华贸易战的金融领域

美国对华贸易战还集中在金融领域，针对所谓中国汇率操纵倾向以及未来次级制裁的可能，美国财政部出台《美国主要贸易伙伴外汇政策》报告。尽管报告将中国确定为汇率操纵国的可能性极小，但中国仍将被列入观察国名单。美国加息将提高美元汇率，巩固美元的强势货币地位，同时也将给我国带来人民币贬值压力。但考虑到，随着近年来市场对美元加息预期的增强，人民币贬值压力已经得到了一定程度的释放，同时中美贸易主要产品对汇率的弹性相对较小，人民币贬值不会给我国出口带来较大的正面效应。不排除朝核问题和伊朗核问题持续发酵，美国对华相关企业发起次级制裁，打压金融领域。

二、发动对华贸易战的主要原因 ▶▶▶

(一) 对华发动贸易战以维护"美国利益优先"战略

实施"美国利益优先"战略，是美国发动对华贸易战的重要原因。特朗普签署的第一份行政命令就是宣布退出跨太平洋伙伴关系协定(TPP)。2017 年 6 月，他宣布退出《巴黎协定》，10 月又宣布退出联合国教科文组织。2018 年 5 月 8 日，美国宣布退出伊核协议，6 月宣布退出联合国人权理事会。这些都是特朗普政府推行美国优先战略的体现。上述一系列举措可称之为一种美国式的"韬光养晦"战略，它体现了特朗普政府与美国往届政府不同的政策主张。特朗普政府对内致力于减税、基建、再工业化和扩大就业，对外努力扩大出口和减少进口，大幅削减贸易赤字。在此思路指引下，作为美国最大贸易逆差来源国的中国被认为严重违背了所谓的"美国利益优先"原则，不可避免地成为特朗普政府对外贸易政策的首要打击对象。美国以遏制中国继续崛起的势头为首要目标，通过贸易战为"中国制造 2025"设置障碍，使美国对华贸易遏制上升到对华技术遏制。因此，特朗普对华发动贸易战是美国维护经济安全的需要，是实施"美国利益优先"战略的直接产物。

(二)对华贸易战是美国对华整体遏制战略的重要组成部分

特朗普当选美国总统之后就在多个场合表达了要挑起中美贸易战的意图。以 2017 年美国把中国定位为战略竞争对手为重要标志，中美经贸关系发展态势发生了根本性变化。表面上看，中美经贸关系定位的变化是发生在特朗普访华之后，实际上，这一变化是特朗普政府对华遏制整体战略进入实施阶段的重要反映。此外，美国对华采取强硬的贸易制裁措施后，特朗普在国内的支持率不降反升，超过 40%，而且美国两党对发动对华贸易战的政治认同也高度一致，这些都表明"中国威胁论"逐步成为美国主流社会的共识。美国认为，综合实力日益上升的中国对美国的权力、影响力和利益构成了挑战，中国经济策略存在对美国不公平的地方。美国为了未来国家安全，首先要避免被中国"修正"，美国需要对华实施长期的对抗性和遏制性政策。从特朗普参加总统竞选以来的行动看，他对中国实施的经贸政策的对抗性思路越来越清晰。2018 年 5 月 3 日至 4 日，美国超级豪华谈判代表团来华谈判，美国提出的条件包括：中方在 2020 年 7 月前将美中贸易逆差降低至少2000亿美元；中国立刻停止对“中国制造2025”涉及的包括机器人、航空航天、新能源汽车等多个行业的补贴与支持；中国将所有非核心产业商品的关税，降至不高于美国对进口产品的关税水平；中国保证不对美国因知识产权争端采取的措施进行报复，中国要从WTO撤回已经提出的对美国的贸易申诉。由此可知，特朗普政府对华贸易战所体现出的是完全不对等的战略企图，它直接表达了对中国发展的遏制意图。

（三）中美经贸关系之间的竞争性日益增强

金融危机后，中美双方关系越来越对等，即意味着中美经贸在世界市场上的竞争性不断强化。主要表现为以下几点。

一是美国“脱虚向实”所推行的再工业化战略加重了中美双方经贸关系的竞争性。金融危机以后，再工业化战略已经上升至国家战略层面，特朗普政府进一步提升了再工业化战略的地位。这就意味着美国要努力改变原来专注研究与开发（R&D）、立足全球价值链高端，向全世界提供信息产品、服务产品与金融产品。中国已成为全球最大的制造生产大国，增加值占全球制造业增加值总额比持续上升，在国际分工中的地位不断上升，已经不可避免地摆脱了原有的中低端制造地位，这意味着中国与美国再工业化战略的冲突性日益增大。工业制成品的市场有限而竞争残酷，美国再工业化战略，意味着中美之间基于传统互补型的国际分工格局正在转变，中美之间的竞争型经贸关系正在强化。

二是中美在工业4.0领域内的直接竞争日益加剧。随着“中国创新驱动发展战略”“中国制造2025”等重要战略的持续推进，中国对外贸易地位与国际分工地位已经提升并将保持提升态势，在全球产业链中的高端区域与美国的重合领域也越来越多。中国制造业转型升级，大力推进“中国制造2025”的重点领域，与美国智能制造、3D打印、新一代信息技术、机器人、生物医疗、新材料、新能源等高端制造业和新兴产业领域具有高度的重叠性。未来美国再工业化战略与“中国制造2025”之间的战略性竞争领域将进一步增多，中美在经贸领域中的互补型关系已被竞争型关系所取代。美国2018年3月首次拟对中国征收高额关税的产品领域，与“中国制造2025”重点发展领域高度重合，直接表达了这种竞争性。

三是以美元为中心的国际货币体系面临的冲击。中国出口有形商品，从美国进口服务产品并购买美国金融产品，形成“商品-资金”的循环机制，是长期以来中美经贸关系稳定发展的基础。一方面，自2011年以来，中国不断反思这种模式的被动性，开始进行资产的多元化管理，对美元资产的需求相对减少，中国来自美国的贸易顺差额与中国持有美国国债的增量之间的关系几乎脱钩。另一方面，中国不断推进人民币国际化进程，通过货币互换协议，不断减少对美元的需要，对美元逐步构成了一定的潜在威胁。尤其是2018年3月在上海开设的人民币石油期货，直接冲击世界上多年来的石油美元定价机制，被认为是对美元霸权的挑战。

（四）对华巨大的贸易逆差是美国发动贸易战的借口

中美双边贸易差额不断扩大一直是当今世界关注的热点话题，其成因是多方面的，诸如国际产业转移与国际分工因素、美元特权地位、储蓄-投资缺口因素、财政赤字等均被认为扩大了中美贸易差额，跨国公司内部贸易和统计方法差异等因素也逐步引起了学者们的重视。美方统计数据表明，从1991年开始，中方成为仅次于日本的美方第二大逆差来源国，2004年中美双边贸易中，美方逆差已上升至1620亿美元，2015年上升至3656.9亿美元，2017年上升至3752亿美元。2000年中国取代日本成为美国最大的逆差来源地，占美国贸易差额总额的16.86％。2004年上升至26.2％，2008年上升至44.09％，2010年超过50％。2017年中方顺差高达3752亿美元，占美国货物贸易逆差的比重为47.13％，约占美国当年总贸易差额的66.28％。因此，进入21世纪以来，美国经常挑起中美贸易争端。美国以贸易逆差为借口挑起贸易战，是美国战略焦虑的直接表现，深层次的原因是想通过遏制“中国制造2025”来阻断中国经济的转型升级，达到遏制中国持续崛起的目的。

三、对华贸易战对我国对外贸易造成的影响 ▶▶▶

（一）抑制对外贸易额的增长

贸易战一经开战势必导致两败俱伤。此次中美贸易战的对立双方不仅是全球的贸易大国，且双方贸易高度依赖。2017年，中美贸易总额占我国对外贸易额的14.3％，占美国外贸额的14.6％。此次贸易战的激烈程度远高于2000年初的两次贸易战。中国反向加税清单共涉及6085项商品，波及行业范围甚广，涉及金额约2500亿美元。对中国而言，美国对中国进口产品增加关税，实施贸易保护政策，必然会使中国对外贸易出口额有所下降。同时，中国采取正面迎战，等价提高进口关税的反击战略，也会对中国的贸易进口产生较大影响。

（二）影响我国高新技术产业发展

从此次贸易战美国对中方增税的项目及此前多次贸易摩擦来看，美方主要针对中国的电子产业、航空航天技术、信息和通信技术等高新技术产业进行重点加税。近年来，高新技术产业在我国对外贸易中的占比基本维持在30％左右。长期以来，美国一直在中国高新技术产品贸易中占有重要地位，早在2012年就已成为中国高新技术产品出口第二大市场。由于美国是中国高新技术产业外销的主要市场，如今美国对中国主动加税，直接提高到岸价格，必然会影响销量，使中国高新技术产业尤其是“中国制造 2025”计划中的核心产品受到严重影响。以航空航天业为例，2018 年中国航空航天业对美出口总额在 2 月份受人民币增值和贸易摩擦的影响大幅下跌，但在 3—5 月份出现了缓慢回升，而在中美贸易战正式爆发的 6—7 月份又出现了下滑。此次贸易战，美国有意限制中国高新技术产业的未来发展。高新技术产业要想突破此次贸易战的围困，必须在国际市场上重新获得竞争优势。最直接的方式就是主动寻求自身技术的突破，提高生产效率，从内在降低成本。

(三)影响我国在全球贸易网络中的构架

中美贸易战到如今已是愈演愈烈。从中国的一次次反击可以看出，中国在此次贸易战中已经做好了与美国硬碰硬的准备。面对此次贸易战带来的问题，中国已拒绝“割肉”这条道路，当前需要做的就是改变贸易战线。美国大范围提高对中国产品的进口关税，一定程度上使中国对外贸易出口受阻，其不得不寻求新的贸易方向。基于“一带一路”倡议的良好发展，中国可以深化与沿线国家的合作，在一定程度上能够增大出口量，尤其是实现优质、过剩产品的输出。中国正面做出反击，对美国产品反向加税，抑制了商品的供给。因此，为了填补此部分需求，中国也需要开辟新的贸易进口线路。以对中国影响较大的美国大豆为例，中国加税使得美国大豆的进口价格超过了巴西大豆的进口价格，所以中国可以加深与巴西的贸易合作。美国对中国的高新技术实行封锁，中国可以扩大从其他国家的进口，特别是从欧盟的进口。欧洲芯片产业发达，进口替代性高，能够满足中国的芯片需求，同时这为中国与欧盟的经济合作创造巨大机会。如此看来，中美贸易战有助于中国与其他国家的合作，有益于中国拓展贸易战线。

四、我国应对贸易战的相关策略 ▶▶▶

(一)要树立新全球化时代新的忧患意识

中美贸易战，使中国认识到自身科技创新、高端制造、金融服务、关键核心技术等方面与美国存在的差距，尤其是基础技术研发领域存在显著短板。要清醒认识到未来中国发展道路的艰巨性，要避免盲目自信，避免民粹主义绑架舆论，要在保持韬光养晦的基础上，坚定不移地推动新一轮改革开放，进一步提升我国的综合国力。

(二)加快我国外贸出口增长方式的转变

践行科学发展观，加快外贸出口增长方式从粗放式向集约型转变，使出口产品从低附加值向高附加值转变(即效益要高)，从资源、能源、环境消耗高向贸易、资源、环境的和谐友好、协调发展转变。大力实施“科技兴贸”“以质取胜”“出口品牌”战略，提高出口商品技术水平、优化商品结构、提高商品质量，实现从“末端治理”向“源头和过程治理”并行的思路转变，力争从源头上减少贸易摩擦和不公平竞争。从总体上说，国际贸易中的服务贸易摩擦远远小于产品贸易摩擦。同时，现代服务业正加快与现代制造业兼容，服务贸易的市场需求量极大。

(三)建立和完善贸易摩擦预警监测机制

继续加强和完善钢材、船舶、纺织、汽车及零部件、机械电子、农产品等行业贸易摩擦预警和快速反应机制，实现快速应对。收集对重点国家和地区出口市场状况的分行业和产品监测资料，对 22 类出口商品和年出口额在 500 万美元以上的企业、10 大出口市场进行重点监测，密切关注相关产品在某一市场的进出口数量与价格状况。对一段时间内出口大宗商品中，出口量增长迅速而价格走低的产品，可能引起反倾销、反补贴和保障措施的产品出口发出预警，让企业在第一时间知悉贸易摩擦动态，采取相应的自律行动，将部分摩擦消除在萌芽状态。

(四)建立和完善政府、企业、中介组织合作机制

充分发挥政府、企业、中介组织的作用，主动对外沟通，加大交涉力度。加强国内行业协会与国外相关行业协会及非政府组织的对话交流与业务合作，建立起良好的互信关系，争取把竞争对手变成合作伙伴，为化解贸易摩擦创造有利的外部环境。鼓励涉案企业积极参加应诉，维护自身权益，并根据企业应诉情况加大对其资助或扶持力度。产业损害预警机制是政府宏观管理和调控的重要组成部分，是有效应对贸易摩擦的基础性、前瞻性、预防性手段。根据《商务部关于加强产业损害预警工作的指导意见》的要求，启动并初步建立预警机制，实现产业保护工作的前置化，有效保护国内产业安全。同时，为了避免出口产品遭遇国外的反倾销调查，对大宗出口产品如钢材、三磷酸钠、季戊四醇、汽车零部件、显示器等进行出口预警监控，发布预警监控报告，预警监控报告有利于为政府部门和企业提供重要信息。

(五)进一步增强自身实力并准备好反制美国经贸制裁的手段

根据我国国情，基于中美两国经济与政治上的深入交往，继续加强中美战略与经济对话，促进协商沟通，努力保持并扩大双边经贸领域的互补性，并由此缓解双边直接冲突。适时调整与美国之间的经贸关系，寻求建立一种新型的基于战略竞争的中美经贸关系。加快推进经济转型升级，构建创新驱动发展体制机制，推进“中国制造 2025”，尽可能给企业减费减税。2016 年 9 月，蚂蚁金服收购美国 Eye Verify 公司 100%的股份。其开发的眼纹识别技术拥有全球独家专利，其保密性等效于 50 位密码。2016 年 11 月，中国打印机耗材芯片制造商艾派克联合太盟投资集团收购美国激光打印机生产商利盟，击败了佳能、柯尼卡、美能达和理光等竞争对手。2016 年，浙江万丰斥资 3.02 亿美元收购美国焊接机器人应用系统服务商 Paslin，其自动化装配和焊接产品主要应用于汽车制造。2017 年，美的以 37 亿欧元收购德国机器人巨头库卡，库卡在美国拥有大量资产。我们要大力推进“一带一路”倡议，进一步改革开放，让企业走出去，吸引更多资本流入，不断推进中国经济深度融入全球化。

（六）积极宣传并联合共同利益集团来化解美国遏制压力

需要明确定位中国为处于艰难爬坡阶段的、艰苦奋斗的发展中国家，多宣传中国发展道路的艰难，特别是中国与以美国为代表的发达国家的差距，并争取国际认同，尤其是美国的社会认同。明确向世界发出信号并扩大认同：中国始终是世界和平的建设者、全球发展的贡献者、国际秩序的维护者，中国没有称霸世界的计划，也无意用中国的“新时代”取代美国的“旧时代”。同时，也要循序渐进地推进人民币国际化，特别要强调人民币的国际化不是要取代美元地位，而是为了化解来自全球美元化的风险，寻求与自身开放水平相近的人民币的国际地位。当前，美国四处挑起贸易战，不断宣称要退出 WTO，这为中国联合其他国家及赞同维护经济全球化大局的力量提供了空间。为此，中国可以组织官方或非官方的论坛或部长会议，在全球范围内形成抵制贸易保护主义、抑制逆全球化的氛围，使自由贸易深入人心，从而尽力影响和把控中美经贸发展走向，夯实“中国梦”的外部根基。

第四节　我国外贸业务发展及其对策探讨

在大数据时代，越来越多国家的外贸企业开始注重建立和完善自己的贸易数据库，然后以该数据库为基础，利用各种贸易手段去开发国际市场。大数据对于外贸企业而言意味着巨大的商机，不仅提供了更精准的数据，而且帮助外贸企业更好地了解客户，改进贸易策略，还可以为全球客户提供个性化服务，满足世界市场多元化需求。在瑞士达沃斯世界经济论坛上，就曾发布了一份《大数据，大影响》的报告，宣称大数据已经成为一种新的经济资产类别，就像货币或黄金一样。因此，大数据越来越成为外贸企业和外贸从业人员关注的焦点。尽管目前大数据技术的应用和推广还需要一定的时间，但是，随着大数据量的激增，加上国内外用户的逐渐重视，外贸企业积极挖掘大数据的价值以服务于企业市场需求，就变得越来越重要。在大数据时代，外贸企业如何找数据、用数据，将数据更好地在外贸业务中运用，甚至将其发挥到极致，已变得日趋重要。

改革开放以来，特别是加入世贸组织以后，我国积极参与全球经济一体化进程，制定并逐步施行了全方位、宽领域、多层次的对外开放政策，在国际贸易和全球分工中扮演着重要角色。我国外贸业务发展迅速，贸易产品结构趋于优化，贸易额逐步提高，贸易顺差逐年扩大，贸易大国的地位得以显现，在世界贸易舞台上的影响力不断增强。我国的进出口贸易逐渐步入了大数据时代，运用大数据并从大数据中掘金，已成为我国外贸企业的共识。例如阿里巴巴就是典型的代表，2016 年在上海举行的云栖大会上发布了全新的大数据平台，该大会是目前全球较大规模的云计算大数据行业峰会。阿里公司作为全球应用大数据非常成功的企业之一，通过对电子商务平台上的客户信用数据及行为数据分析，相继开发出了蚂蚁小贷、花呗、借呗等大数据产品。菜鸟网络通过物流云、智能路由分单等数据产品，为快递行业提供了技术支撑。敦煌网、亿赞普等公司利用大数据分析，通过在线交易平台推动外贸交易量高速增长。随着外贸企业国际化步伐加快，我国外贸企业积极推进国际化战略，积极扶持本国贸易领域的大数据服务商，将业务领域向投资和服务延伸，促进大数据服务与实体经济贸易更加紧密结合，推动我国外贸产业快速发展。

一、当前我国外贸业务发展面临的环境分析 ▶▶▶

(一)我国外贸业务发展的外部环境

1. 世界贸易摩擦还在加剧

随着世界经济的发展，我国在全球贸易中面临着更多的挑战，中美贸易摩擦、美日贸易摩擦以及美欧贸易摩擦等都对全球贸易格局产生重要影响。美国发起的贸易战，给全球经济发展带来了负面影响。中美贸易谈判还在进行，中美贸易的不稳定以及美国持续对华提高关税税率，使得我国的对外贸易压力持续增大。2019 年 5 月 9 日至 10 日，第十一轮中美经贸高级别磋商受到世界关注，双方已在加强知识产权保护、扩大市场准入、促进双边贸易平衡等方面取得诸多实质性进展，但在中方核心关切问题上仍存在分歧，美国新一轮对中国输美商品加征关税，促使中方明确表示不得不采取必要反制措施。中国对外贸易发展不会受到外部压力的干扰，正在加快从贸易大国走向贸易强国，巩固外贸传统优势，拓展外贸发展空间，这次中美贸易摩擦也无法阻挡中国经济前进的脚步。

2. 世界经济复苏动力不足且通胀压力增大

世界经济面临复苏动力不足的情况，通胀压力在短期内还难以解决。就现状分析，当前相比金融危机发生时，世界经济在缓慢复苏，但是总体动力依然不足。在这种态势下，就会导致全球各经济体面临较大的通货膨胀压力，世界经济增长步伐也会放缓。为了缓解压力，各国会采取较为宽松的货币政策，但宽松的货币政策又会使得通胀压力持续增强。国际资本在一段时间内，还会出现大规模的自由转移和无序流动，大宗商品交易市场也可能出现不稳定的局面。因此，我国需要内挖潜力，推动商品贸易数字化进程，积极扩大贸易出口。

(二)我国外贸业务发展的内部环境

1.增加国民收入以扩大国内消费需求

扩大内需，一直是我国积极有效的经济措施，但是扩大内需受很多方面的影响，内需不足对外贸产业发展也有很大制约作用。国内房价的快速上涨以及地方政府对土地财政的过度依赖，使得居民的消费意愿不强，扩大内需的成效不大，还有居民收入水平整体也不高。因此，我国经济要高速发展，就必须进一步提高居民收入水平。只有解决了居民收入问题，老百姓手里才有钱，才能扩大消费，并进一步改变消费观念，改变国家外贸产业的消费结构，促进相关产业结构调整，从而有利于推动外贸经济的发展。

2.全面培育战略型新兴外贸产业

“十三五”规划强调，我国要培育新兴战略企业，引领我国外贸产业经济的发展。开辟新兴产业领域，有利于进一步带动我国经济的发展。我国需要加快培育和发展战略性新兴外贸产业，这是我国全面建设小康社会、实现可持续发展和发展外向型贸易经济的重要选择。我国人口众多、生态环境脆弱，加之人均资源少，又处在城镇化快速发展时期，面临改善民生和优化资源环境的巨大压力。因此，加快培育和发展战略性新兴外贸产业是构建国际贸易竞争新优势、掌握贸易竞争主动权的迫切需要。全球经济竞争格局正在发生深刻而重大的变革，我国必须加快新型外贸产业发展部署，推动新能源、信息产业、节能环保以及生物科技等新兴产业在国际市场上的快速发展。

二、我国外贸发展模式存在的主要问题 ▶▶▶

(一)贸易规模大但竞争力不强

我国经过40多年的改革开放，贸易规模日益增大，进出口贸易急速攀升，外贸从业人员也在快速增长。我国已经成长为贸易大国，但是在国际贸易分工中，我国还处于全球贸易链的低端，制造业贸易和加工贸易居多，出口的初级产品居多，出口的商品缺乏自主知识产权，产品的技术含量不高，在全球具有竞争力的品牌少。因而产品出口获利不多，利润率不高，在与发达国家优势产品竞争中处于劣势地位。因此，需要增强我国出口产品的科技含量和产品竞争力。

(二)出口产品结构需要进一步调整

我国是一个制造业大国,很多企业生产的是低附加值产品,出口的产品多属于劳动密集型产品,技术含量不高,资本技术密集型产品的出口比重较低。随着我国科技水平进一步提升,一批有实力的高科技公司和电商企业在崛起,出口产品的技术含量也在提高。以华为、格力为代表的高新技术企业以及阿里、腾讯等公司,都在扩大对外贸易,出口产品结构在进一步优化。但是从整个产业来说,高科技产品和服务产品出口比重还是不高,出口产品结构还需要进一步调整,使得出口产品更加具有竞争力,为国家创造更多外汇。

(三)外贸从业人员整体素质不高

从事外贸业务工作,需要面对很多复杂情况,从业人员不仅需要专业的技能和素养,具备该领域专业的理论知识和实践经验,还要有很强的交际能力和独特的把握国际市场风云变幻的眼光。同时,还需要心理素质高,能够坦然面对各种突发情况。另外,需要具备一到两门专业外语知识,以便更好地和外商进行沟通和交流。但是在我国,外贸人员的准入门槛不是很高,很多基本功不扎实的人员从事外贸工作,整体素质不高,这对我国外贸行业带来一定的负面影响。因此,在世界贸易竞争日趋激烈的背景下,越来越需要外贸从业人员具备很强的业务素养和技能,能够独当一面,处理好各种外贸实务工作。

(四)对外贸易环境日趋复杂化

当今世界竞争越来越激烈,贸易环境日趋复杂化,有些国家为了取得竞争优势,极力在行业领域取得垄断地位,不惜加大对其他国家产业的打压,甚至采用增加关税等措施阻止他国产品的进入。比如美国为了在5G领域取得竞争优势,极力打压我国的中兴和华为公司,甚至采取极端手段扣押对方高管来施加压力,或者联合一些国家进行产业抵制,这都与自由贸易和公平竞争的国际贸易准则和初衷背道而驰。我们必须认清外贸领域的复杂形势和局面,增强实力,积极争取在国际贸易市场的正常业务发展,维护自身的合法经济利益。

三、大数据时代给我国外贸业务发展带来的机遇与挑战 ▶▶▶

(一)我国外贸业务发展迎来的机遇

1. 大数据促进了新的贸易方式发展

大数据的发展对实体经济带来冲击,并有利于实体经济在线下和线上并行发展。大数据和网上贸易的开展,使得传统贸易模式向新型贸易模式转变,衍生出了新的跨境电商模式,很多外贸企业采用这种新的贸易模式,因此两种模式共存并相互影响。传统贸易主要是实体产品之间的贸易,相关进出口商通过谈判协商，签订外贸交易合同，再按照协商的交易方式将货物运到对方指定的地点，整个交易过程周期长，风险和费用也比较大。如今，随着大数据的应用，外贸交易也进入大数据时代，商品信息可以通过大数据获得，进出口商品信息在网络世界传递，消费者市场需求可以精准定位，交易方式采用电子化，这些都突破了时空限制，使得外贸交易更加方便、快捷和数据化。

2.大数据推动外贸公司扩大出口业务

大数据时代，外贸公司产品的出口越来越便利化，出口模式也在进行调整和升级，外贸营销思路也在不断创新，一些有实力的大公司开始推动新的贸易营销方式。我国国际电子商务中心，根据当前对外贸易发展的实际需要，推出了EC数据宝这种新型的外贸咨询情报系统。该系统依据外贸大数据进行分析，遵循外贸业务营销相关流程，通过"全球市场分析"，预测全球相关领域产品的出口趋势和动态，锁定公司发展所要进入的国际目标市场和新兴市场，从而更好地制定多元化国际贸易战略，取得贸易竞争优势。该系统还通过"全球采购商情报"锁定目标客户群体，寻找优质经销商，提高外贸人员的业务效率，从而快速占领国际市场。

3.大数据促进外贸信用体制建立

大数据的应用，使得外贸企业的征信情况很容易查实，通过对相关行业的外贸大数据进行分析，将外贸企业商品的价格、数量、物流、报关和资金等相关数据进行整合，并对企业的历次交易情况进行汇总，建立新的外贸交易信用体系。例如阿里巴巴一达通平台，在该平台上进行交易的买家和卖家都有信息记录，相关的交易情况都产生了信用记载。因此，阿里巴巴一达通平台在提供交易服务时就能记录积累下来的数据，这些数据资料可以构建一个全面的信用体系，并发展成为完善的外贸交易生态圈。通过大数据建立起来的信用体系，可以降低交易双方的"信任成本"，使得商品交易更加快速和方便。通过大数据分析构建的信用资本，也是企业的一种财富，良好的信用有利于外贸企业获得更多贷款，从而更好地扩大外贸业务量，增加企业利润。

(二)我国外贸业务发展面临的挑战

1.外贸企业大数据利用的法制不健全

大数据在外贸企业的运用还在逐步推进之中，相关的法律法规的建立还不成熟，一些外贸企业的大数据研发力量也不足，对大数据资源的保护力度也不够，使得大数据的推广受到了一定的限制。外贸企业的诚信交易平台还不完善，基于大数据运用的第三方外贸机构承担着信用风险，还会由于企业数据资源得不到有效保护而导致商业机密的泄露。因此，外贸企业和外贸人员需要在数据安全、信息保护、外贸交易等诸多领域加以规范。

2.难以获得精准的大数据资源

大数据时代，越来越多的外贸企业注重数据的获取和挖掘。面临海量的大数据，如何有效获取自己所需要的数据，并进行分析利用，已经成为一个很重要的现实问题。加之，现在很多外贸企业，特别是国外企业对数据资源的保护更加严格，对知识产权的保护日益重视，有效的数据获取将变得更加困难。因此，外贸业务工作需要有针对性地在大量数据中，运用科学的方法，有效获取信息资源数据，更好地为外贸业务开展提供决策依据。

3.海外数据平台建设门槛高

世界上有些国家基于国家信息安全的考虑，加大了数据平台的保护力度，数据建设平台越来越高，并且对本国内的数据运营商与我国企业进行合作不予支持。同时，我国外贸企业还没有完全摆脱传统外贸发展的思维定式和发展模式，利用海外数据资源的意识不强，获取海外数据平台相关数据的积极性和主动性不够高，从而使得外贸业务的开展受到一定的阻力。

四、开展外贸业务工作的流程分析 ▶▶▶

（一）做好大数据网络推广

开展外贸业务工作，需要很好的互联网工具，进行大数据网络推广。互联网成了进出口贸易厂商之间相互接触的一个重要平台，进行有效的网络推广就变得越来越重要。进行外贸业务拓展，需要宣传自己的网站，吸引流量，从而得到买家的询盘。因此，现在有很多公司都建有自己的公司网站和独立的付费平台。例如阿里巴巴国际站与中国站，外贸人员每天都需要进行网站内容更新和推广，让国内外商户更便于搜索和查看到本公司的产品，从而便于产生交易。除了依靠网站来提高流量、获得询盘之外，还需要去找一些 B2B 平台，使得人们从 Google 等搜索引擎上可以搜索到企业的产品，这有利于提升外贸业务量。

（二）收到客户询价和报价

在外贸工作中，会收到客户询价，这需要很好地应对，并抓住机会，力争给出合理的报价，使得客户有兴趣继续开展下一步合作。我们给予客户的报价要通盘考虑，价格适中，不能过高或过低，既要照顾客户的利益，同时也要使自己的公司有收益。在外贸策略上，我们尽可能根据市场行情，报一个能够让客户接受的最高价格，使得公司利益最大化，增加企业利润。

（三）产品寄样和发票制作

外贸人员需要根据公司情况、产品类型和客户资质的不同，寄送产品的样品。要确认客户需要的样品型号，每单数量要求，以及包装和说明书，样品还要有代表性，保证寄送的样品质量符合客户的要求，并保留样品的生产批次等资料用以备查。发票制作也要严格按照要求进行，发票是整套外贸单据中的核心单据，要注意收货人姓名和地址，做到精确无误。并且精确程度要以信用证为主，在审理信用证时，特殊地方用荧光笔画出来，唛头一般在附加条款里规定，也要用荧光笔画出来。金额里的大小写要保持一致。还有就是盖章和手签，这需要按照买家的要求进行。外贸人员要避免制作发票时出错，尽可能避免因制单失误而造成损失。

（四）向工厂下单并跟进生产

在外贸工作中，对方客户只要对样品满意，就会商谈下单事宜。外贸业务人员需要按照客户的需求给工厂下单，安排公司的生产计划，并要求工厂生产负责人签字存档留底。外贸人员在下单后，还需要跟进订单的生产进度，随时关注生产过程，向各工序生产管理人员了解生产过程中所遇到的问题，并进行及时的沟通解决，还可以向客户反映问题并征求意见。

（五）订舱与发货

外贸人员在临近交货的前段时间，一般是半月左右，就需要询问工厂生产情况以便于按时交货。如果一切顺利，安排验货人员验货合格后，就需要向货代订舱。如果客户指定货代，则外贸人员需要直接填好订舱单，订舱单上要填好各种信息，包括发货人、收货人、通知人、目的港等。当货代订好舱后，接着就要求拿到传真进仓单，通知工厂按上面的时间将货物送进仓库。如果安排拖车拖柜，则需要填好拖柜委托书及各种信息资料，与进仓单一起传真给拖车公司，并要求对方安排拖柜。因此，在整个流程中，都要求做到严谨并避免失误。

（六）商检报关和售后跟进

在订舱发货后，需要协助商检并填写报关资料，把这些信息资料寄送给报关行，或让其代为报关。报关资料要准备齐全，包括外销合同、发票、装箱单、报关单及核销单等。注意核销单在寄给报关行前，必须先向商检局进行备案。当客户收到货物后，外贸人员还需要与客户保持联系，注意售后服务工作，以维持好与客户的关系。需要做的工作包括询问客户产品是否达到对方的要求，对产品质量是否满意，产品的使用情况及是否遇到需要帮助解决的问题等。外贸人员提供的良好售后服务可以为后续订单打下坚实的基础。

五、大数据背景下我国开展外贸业务的对策与建议 ▶▶▶

（一）积极建立外贸大数据信息平台

大数据信息平台的建设尤为重要，特别是外贸大数据信息平台的建立，对于外贸企业的出口有积极的意义。我国应积极改革传统进出口贸易的管理方式，利用大数据为外贸企业服务，相关政府部门应积极沟通协调，建立协调机制，尽快建立涵盖外贸整个交易流程的大数据统一平台，包括报关、报检、结汇、退税等环节都应该纳入统一的大数据信息平台上来。这样可以逐步实现政府和企业数据的对接，为我国外贸进出口企业的交易与往来工作给予更多便利和进行及时的信息汇总，从而为外贸企业更好地开展工作提供帮助。

(二)将贸易大数据纳入法律体系进行管理

大数据是很重要的信息资源，也是外贸企业的资源财富。目前我国电子商务法律法规和制度体系建设还不完善，有关部门应积极探讨、修改和制定完善的大数据管理法律制度，将与外贸相关的大数据内容纳入电子商务基本法律体系，加强对外贸大数据的收集、整理和使用，并进行有效的数据监管，保护外贸企业和个人的隐私及合法权益。有了大数据做基础，外贸业务人员就能很好地整合和分析外贸业务数据，从而更好地开展外贸业务活动。

(三)推动外贸业务与跨国电信运营商展开合作

政府各级部门应该重视推动外贸业务工作，积极支持我国外贸企业与跨国电信运营商进行合作，建设海外大数据信息交流平台，鼓励外贸企业进行大数据开发，进行数据及信息技术分析。同时，政府还应该鼓励外贸企业研发信息系统，开发大数据信息技术，指导本国外贸企业有效地与跨国电信运营商进行合作。既利用好现有的信息资源，又更好地保护自己的信息技术不被侵犯。国家相关信息管理职能部门，可以帮助指导外贸企业利用大数据分析，来更好地掌握市场发展动态，了解市场需求，从而把握好商机，促进外贸业务的顺利开展。

(四)努力提升外贸人员的业务素养

我国要积极培养优秀外贸业务人员，提升其业务技能和素养。首先，需要时刻关注市场行情，汇率、价格及政策变动等都和外贸业务息息相关，国内外的贸易动态和市场形势对出口工作有着重要影响。如果外贸人员不懂国际贸易行情的变化，外贸工作就很难取得良好效果。我们需要积极主动去关注外贸行业动态，提升自身业务素养和能力。其次，要认真做好客户建档工作，在外贸业务中，与客户达成交易，是一个漫长而艰巨的任务，有时需要与客户交往很久，才能达成合作事宜。在和客户交往中，会有很多邮件往来和业务需求变动。因此，需要做好客户建档工作，及时进行归类整理，否则会出现信息混乱，不利于后期业务的跟进与合作。再次，需要对产品技术和行业知识非常了解，外贸工作也是销售工作，对产品的性能和技术了解得越多，在和外商谈判时才越有底气和自信，在业务谈判中才更加专业和熟练。如今大数据时代的外商买家，很多都拥有技术背景，对产品技术都很了解，外贸人员只有熟悉产品及性能，才能赢得他们的青睐和尊重，从而更好地达成交易。最后，还要加强语言学习及多交朋友。精通语言是做好外贸工作的必备工具，优秀的外贸业务人员必须有过硬的英语水平，若能懂一些小语种，就更能在外贸工作中锦上添花。外贸人员一定要注重人脉的积累，在外贸工作中，我们会接触很多同行甚至是业内专家，这些人都是可以发展的人脉，对我们开展贸易工作很有帮助。

（五）外贸业务工作需要与大数据融合应用

大数据时代下，外贸交易及电子报关单据等工作必须融合业务数据，生成一些对从事外贸工作管理者有用的指导意见，或者是一些有用的预警信息，帮助决策者做好经营和数据分析。外贸工作者就可以采取正确的经营策略，使得企业信息资源得到更优化的配置和利用，从而更好地应对外贸市场行情的变化，为企业在外贸市场竞争中取得有利地位。例如某外贸企业，在货物出口发运后，相关的销售结算、出口退税申报及回款跟踪等都是企业内部控制的重点。该企业积极应用引入大数据，升级 ERP 系统，进行全面跟踪管理，相关海关电子数据可以从政府外管局的大数据管理平台自行导出结果。外贸企业在 ERP 系统建立一个端口来导入海关数据，设置海关进出口报关单信息，从而使得企业管理人员更方便快捷地在 ERP 系统查询到电子报关单的关键数据和信息，包括企业货物的进出口数量、日期、合同和金额等资料，从而对企业外贸工作有更全面的掌握。

总之，在当今大数据时代，我国外贸企业应用大数据是公司治理和经营效益提升的有效途径。外贸业务需要与大数据进行融合，更好地应对千变万化的国际贸易市场，并以我国颁布的《促进大数据发展行动纲要》为理论基础和指导思想，积极升级改造外贸企业内部信息系统，提高挖掘、处理和分析大数据的能力。外贸企业只有更好地掌握和运用大数据技术，才能在外贸工作中做到运筹帷幄、稳操胜券，为国家和企业创造更多的经济效益。

第五节　我国粮食贸易与价格体制影响研究

一、引言与文献综述 ▶▶▶

随着世界经济的发展，国际粮食贸易日益频繁。我国作为全球第一人口大国，对粮食的需求量较大，国际粮食价格的波动对我国粮食的进出口贸易有着很重要的影响。因此，在探讨我国粮食贸易的同时，必须结合研究国际粮食价格，分析两者之间的相互关系，这对我国粮食贸易及其安全具有重要的现实意义。由于我国粮食价格波动与粮食安全问题复杂，我们需要在一个全球经济系统中考察我国粮食进出口贸易与国际粮食市场之间的关系。下面通过分析全球粮食贸易额与产量之间的关系，研究中国粮食进出口额与国际市场价格以及国内价格之间的关联性。研究结果有助于利用国际与国内两个市场的动态变化来了解市场的波动性，并采取相应措施来增强市场的稳定性，化解粮食市场价格波动所带来的不利影响，从而达到稳定国内粮食价格和保障我国粮食安全的目的。

我们现在简单梳理粮食进出口贸易与国际国内粮食价格之间相互关系方面的文献。国内已有学者在这方面展开了相应的研究，现把他们的观点进行归类分析。一部分学者的研究主要是集中在中国粮食进口对国际粮食价格带来多大影响方面，如冯海发(1996)和于爱芝(2004)等学者认为我国粮食贸易无条件地存在着“大国效应”；一部分学者如李晓钟(2004)和范建刚(2007)等认为我国粮食贸易“大国效应”的产生必须建立在一定条件之上，只有这些条件成熟或者具备了，大国效应才会显现出来；还有一部分学者认为进口对缓和国内粮食价格波动有很大帮助，如隆国强(1998)等通过研究粮食进口对国内粮食价格所带来的影响得出类似结论。在国际范围内，国外学者也对中国粮食需求的增长对国际粮食市场上的影响非常关注，并提出了各自的观点，这些观点也不尽一致。国外一部分学者认为中国粮食需求增长对世界粮食价格和安全不会有多大影响，这部分学者中有 D. Gale Johnson(1995)、Nikos Alexandratos(1997)以及日本农林水产省的白石和良(2001)等；另一部分学者如 Lester R. Bram(1998)等认为中国粮食需求增长对国际粮食价格和安全带来较大影响。由于中国粮食需求的增加而带来进口的增加，会导致粮价上升。当需求量达到一定限度的时候，甚至会影响世界粮食供应安全，从而带来不利影响。从上述分析可以看出，国内学者主要侧重于研究我国粮食进口对国际粮食价格的影响；而国外学者的研究重点是世界发展中大国对粮食需求的增长会影响世界粮食市场上的供需平衡，并最终有可能导致世界粮食价格的上升，从而影响世界粮食市场的安全。张宁(2019)指出，进口国外农产品是中国农业发展的必然选择，能够丰富“一带一路”合作内容，有利于促进进口来源多元化，缓解国内粮食供应压力。龚波(2019)在中美贸易摩擦背景下，分析了世界粮食贸易存在的不确定性，中国作为全球化贸易捍卫者，需要通过稳定口粮生产、拓展贸易渠道和节约用粮等策略，来提高我国粮食保障能力。

因此，本书在这种背景下，基于全球贸易视角来研究我国粮食进出口贸易的变化对国际和国内粮食价格带来的影响，从而为我国应该采取何种应对措施提供相应的建议，并最终维护我国粮食利益和安全。

二、研究方法与数据 ▶▶▶

在研究方法方面，本书主要利用时间序列模型来进行分析，通过采用协整检验、一级格兰杰因果检验等实证研究方法，结合查阅到的相关数据资料，围绕国际与国内粮食市场，定量分析我国进出口与国际国内粮食价格之间的关系并进行实证研究。研究的内容主要有：第一，国际与国内粮食市场是否能够进行整合；第二，我国粮食进出口与国际粮食价格之间到底存在什么样的关系，相互影响有多大，重要关注的是我国粮食进出口是否存在着“大国效应”；第三，我国粮食进出口与国内粮食价格之间的关系；第四，我国的粮食进出口贸易对国际粮价带来多大的冲击，以及应该采用哪些措施来维护我国的粮食安全。现在通过分析我国粮食进出口总量来进行研究，并进行归类列表，如表 3-1 所示。

表 3-1　2006—2017 年中国主要粮食品种的进出口数量

单位：万吨

年份	稻谷与大米		玉米		小麦		大豆		谷物及谷物粉	
	出口数量	进口数量	出口数量	进口数量	出口数量	进口数量	出口数量	进口数量	出口数量	进口数量
2006	295	24	1047	0.3	18.9	88	21	1042	1378	315
2007	186	27	600	4.0	71.3	69	25	1394	876	344
2008	199	24	1167	0.8	97.7	63	28	1131	1482	285
2009	262	26	1639	0.1	252.6	45	27	2074	2194	208
2010	91	77	232	0.2	108.8	726	33	2023	473	975
2011	69	52	864	0.4	60.5	354	40	2659	1014	627
2012	125	73	310	6.5	150.9	61	38	2827	605	359
2013	134	49	492	3.5	307.2	10	46	3082	986	155
2014	97	33	27	5.0	31.0	4	47	3744	181	154
2015	79	36	13	8.5	24.5	90	35	4255	132	315
2016	62	39	13	157.3	27.7	123	16	5480	120	571
2017	52	60	14	523.1	97.8	126	21	5264	116	545

数据来源：《中国统计年鉴 2018》。

对数据进行简要说明，在进行实证分析中的粮食以谷物为代表，主要包括稻谷与大米以及玉米、小麦三大类。其中，粮食进出口选用我国谷物及谷物粉进出口数量来衡量。在粮食价格数据方面，中国国内粮食价格选取中国粮食零售价格指数，具体数据来源于中经统计网；在国际粮食价格方面，选取的是国际谷物价格指数，相应数据来源于国际粮农组织官网。数据资料以 2006—2017 年为主，在数据方面进行了必要的转换，以便于计算，在国际与国内粮食价格方面，转化为以 2006 年为基期的定基指数，再对其取对数；对于粮食进出口量直接取对数，通过对数据的必要处理，使用整理后的数据进行实证分析，从而得出相关结论。

三、实证分析 ▶▶▶

（一）全球贸易自由化背景下世界粮食产量与进出口额之间的关系

从世界粮食市场看，全球粮食贸易的规模与每年参与国际粮食贸易的国家所拥有的粮食产量有极大的关系。世界粮食总产量不仅影响到各国的国内粮食价格，而且影响甚至冲击国际粮食价格，并最终影响各个国家国内以及整个国际粮食价格的走势。同时，全球粮食价格的变化也影响各国粮食的产量，还会影响各国从事国际粮食贸易的份额以及参与国际粮食贸易的积极性，最终影响到各国的粮食贸易政策。基于数据获取的便利性，选取 2006—2017 年世界粮食产量和进出口额的数据。通过对这些国际粮食贸易额数据的观察，我们可以发现世界粮食总产量在逐步上升，但上升幅度不是很大。世界粮食进出口额除了在中间有几年略有下降外，大部分年份都在上升，可见世界粮食总产量和粮食贸易的发展趋势是大体一致的。国际范围内，粮食的生产和贸易都比较活跃，并呈现出一定的正相关性。对 2006—2017 年的产量和贸易额这些变量分别用 X、Y 来表示，采用 12 个样本数据，并用 Eviews 软件进行最小二乘法线性回归分析，对回归结果的解释如表 3-2 和表 3-3 所示。

表 3-2　参数估计结果解释

常数和解释变量	参数估计值	参数标准误差	t 统计量	双侧概率
C	−1566.23700	369.142300	−4.242905	0.0008
X	12.31301	1.770166	6.955853	0.0000

表 3-3　统计检验值解释

可决系数	0.775582	被解释变量均值	996.9718
调整的可决系数	0.778523	被解释变量标准差	178.0197
回归方程标准差 $\hat{\sigma}$	87.29253	施瓦兹信息准则	11.98945
残差平方和 $\sum e_i^2$	106680.1	赤池信息准则	11.89283
似然函数的对数	−93.14312	F 统计量	48.38386
DW 统计量	1.778061	F 统计量的概率	0.000007

从表 3-3 统计检验值解释的数据中可见，该模型的可决系数为 0.775582，调整的可决系数为 0.778523，远大于 0.5。这说明拟合程度很好，可以得出此回归模型具有可行性。因此，可得全球粮食产量-粮食贸易额回归模型为：

$$Y=12.31301796\ X-1566.237458$$

上述回归模型显示，Y 与 X 具有关联性，且是正相关关系，其相关系数 C 为 12.31301796，常数项数值为 1566.237458。对模型进行简要解读，可以看出，当影响国际粮食贸易的其他因素不发生变化的时候，或者说暂不考虑其他相关因素时，全球粮食产量每增长一千万吨时，国际粮食贸易额就会增长约12.313亿美元。在模型中，还可以看出另一个问题，那就是当全球粮食产量为零（当然也不可能为零）时，国际粮食贸易额为负，这种情况显然是与实际情况不相符合的。因此，该模型的成立必须建立在一个前提条件之上，那就是 $X\geqslant 127.2$ 的基础上。对模型进行适当的修正，完善后的模型显示为：

$$Y=12.31301796X-1566.237458(X\geqslant 127.2)$$

（二）国际国内粮食市场是否整合的实证检验

国际与国内粮食市场的整合关系可以通过协整检验来进行证实，协整理论的观点主要为：在时间序列本身非平稳的时候，其线性组合关系却表现为平稳，并且该线性组合反映了变量间的关系是长期稳定的比例关系，也就是所说的协整关系。如果符合完全竞争假设，在两个完全整合的市场之间，粮食价格与运输成本是固定的，一个市场上的粮价波动差额将会等额传递给另一市场，关联性很高；相反，如果两个市场没有整合关系，就不会存在这种传递关系。我们主要运用国际与国内粮食价格关系的协整关系来判断国际与国内粮食市场是不是整合关系。当国际与国内粮食价格之间有某种协整关系时，我们就可以认为它们之间存在着一种长期稳定且均衡的相互联系，也就是说，国际与国内粮食市场是整合的。进一步说，我们可以采用协整检验来判断国际与国内粮食价格之间是否具有协整关系。下面，我们用 DFP 表示国内粮食价格，用 IFP 表示国际粮食价格，来判断两者之间的相互关系。具体步骤如下。第一，进行平稳性检验。采用 ADF 法对国际与国内粮食价格分别进行平稳性检验。从检验中得知：如果给定 1% 的显著水平，lnDFP 和 lnIFP 两者都是一阶单整序列。第二，进行协整检验。采用 Engle 和 Granger(1987)提出的方法检验二者间的协整关系，通常是采用两步法。第一步是看国内粮食价格与国际粮食价格的回归关系，即用国内粮食价格对国际粮食价格进行回归分析，可用以下方程表示：

$$\ln DFP_t = 2.57 + 0.49\ln IFP_t + \varepsilon_t \tag{3.1}$$

$$\hat{\varepsilon}_t = \ln DFP_t - 2.57 - 0.49\ln IFP_t \tag{3.2}$$

第二步是采用 ADF 法对残差序列进行平稳性检验。经过检验发现：在 1% 的显著水平下，残差序列表现为非平稳序列；在 5% 的显著水平下，残差序列表现为平稳序列。通过实证分析，我们可以发现，国际粮食价格与国内粮食价格存在着协整关系。因而，从长期来看，国际粮食市场与中国粮食市场存在一种长期稳定且均衡的关系，尤其对那些开放程度很高的农产品来说更是如此。而对一些诸如大豆之类的农产品，它们在国际与国内市场间的关联度并不高。因而需要综合考量各种情况，才能得出相对合理的结论。

(三)我国粮食进出口对国际粮食价格影响实证检验

当一个国家的粮食贸易额在世界总粮食贸易额中的占比很小甚至微不足道的时候，显然对国际粮食价格几乎没有影响力。但是当一个国家的这种占比到一定份额的时候，就不能完全忽视了，特别是对于某种商品的进出口大国来说，情况就更不一样了。假设某种商品市场处于完全竞争状况，对于国际市场上该商品的价格，那些进出口商会是国际价格的接受者。如果某一个国家某种商品对外出口总量或者进口总量较大，而且在世界该商品市场进出口总量中占较大的市场份额时，就会对该商品市场上的定价具有举足轻重的影响力。

笔者利用已有的数据定量检验中国粮食进出口额与国际粮食价格之间的相互关系。在这方面，主要采用协整检验、格兰杰因果检验法以及构建误差修正模型来进行实证分析。第一步，采用 ADF 法对粮食进口量与出口量序列进行单方根检验。以变量 IM 和 EX 分别表示粮食进口量和粮食出口量，在实证检验结果中发现，在给定 1% 的显著性水平下，lnIM 与 lnEX 均为一阶单整序列。第二步，采用 EG 两步法，检验粮食进口与国际粮食价格以及粮食出口与国际粮食价格之间的协整关系，所建立的方程式如下：

$$\ln IFP_t = \alpha_1 + \beta_1 \ln IM_t + \mu_t \tag{3.3}$$

$$\ln IFP_t = \alpha_2 + \beta_2 \ln EX_t + n_t \tag{3.4}$$

对于上述方程式，采用最小二乘法估计出方程的参数，接着检验方程的残差序列的平稳性，通过检验，得出如表 3-4 所示的结果。

表 3-4　残差序列平稳性检验结果

置信水平	$\hat{u}_t$ 的 t 临界值	$\hat{u}_t$ 的 t 统计量	$\hat{n}_t$ 的 t 临界值	$\hat{n}_t$ 的 t 统计量
1%level	−4.050508		−2.587607	
5%level	−3.454461	−2.629814	−1.943975	−2.185626
10%level	−3.152909		−1.614673	

通过实证分析的结果来看，在粮食进口方面，在给定的三种显著性水平下，$\hat{u}_t$的检验统计量比临界值都要大，说明国际粮食价格与中国粮食进口量之间没有协整关系。在给定的5%和10%的显著性水平下，$\hat{n}_t$的检验统计量比临界值要小，也就是说在粮食出口方面，国际粮食价格与中国粮食出口之间存在协整关系。从上述协整关系中可以看出，我国粮食进口与国际粮食价格不存在长期稳定均衡关系，我国粮食出口与国际粮食价格之间关联性较大，存在着长期稳定均衡的关系。

我国粮食出口与国际粮食价格之间的影响关系有多大，需要进一步分析，我们可以采用格兰杰因果检验法来进一步分析说明。我们采用 AIC 最小原则，并且把最大滞后阶数定为 2 阶，结果可以从表 3-5 得以反映：中国粮食出口量的变动，并不明显导致国际粮食价格变动；国际粮食价格变动对中国粮食出口量有一定的影响。

表 3-5　lnIFP 与 lnEX 的格兰杰因果检验结果

假设	样本个数	F 统计量	伴随概率
lnIFP 不是 lnEX 的格兰杰原因	100	4.10058	0.0195
lnEX 不是 lnIFP 的格兰杰原因	100	0.77859	0.4618

（四）我国粮食进出口与国内粮食价格之间的进出口调节效应

探讨我国粮食进出口与国内粮食价格之间是否具有进出口调节效应，也就是说中国粮食的进出口数量是否对国内的粮食价格起到一定的调节作用。对粮食进口量和粮食出口量以及国内粮食价格进行过单方根检验，结果表明 lnIM、lnEX 和 lnDFP 都是一阶单整序列，我们仍可以采用 EG 两步法对其进行协整检验。我们构建方程，把进口和出口设为自变量，以国内粮食价格为因变量，所构建的方程式如下：

$$\ln DFP_t = \alpha_4 + \beta_4 \ln IM_t + \sigma_t \tag{3.5}$$

$$\ln DFP_t = \alpha_5 + \beta_5 \ln EX_t + \tau_t \tag{3.6}$$

对上述方程式，采用最小二乘法估计，接着再对两个方程式残差序列平稳性进行检验。从表 3-6 所示的检验结果可以看出，$\hat{\sigma}_t$ 是非平稳序列，而 $\hat{\tau}_t$ 是平稳序列，这说明 lnDFP 和 lnIM 之间不存在协整关系，但是 lnDFP 与 lnEX 之间有协整关系。这一结果很好地说明了两者之间稳定与否的关系，也就是说，我国粮食价格与粮食进口之间没有长期稳定均衡关系，但与粮食出口之间具有长期稳定均衡关系。同时还表明，粮食进口对国内粮食价格没有什么影响，相对应的国内粮食价格如何变动也与进口关联度不大，但在粮食出口和国内粮食价格之间关系紧密。

表 3-6　残差序列平稳性检验结果

置信水平	$\hat{\sigma}_t$ 的 t 临界值	$\hat{\sigma}_t$ 的 t 统计量	$\hat{\tau}_t$ 的 t 临界值	$\hat{\tau}_t$ 的 t 统计量
1%level	−4.049587		−4.049587	
5%level	−3.454033	−2.705102	−3.454033	−4.193086
10%level	−3.152651		−3.152651	

我国粮食出口与国内粮食价格之间可以采用格兰杰因果检验进行分析。同样采用的是 AIC 最小原则，但这次格兰杰因果检验以 6 阶为最大滞后阶数。结果如表 3-7 所示，中国粮食出口量波动并不会导致国内粮价波动，而国内粮价波动能导致粮食出口量波动，可见两者之间存在着单向的影响关系。因而通过中国粮食出口额可以一般性反映国内粮食价格的变化情况。具体来说，我国在粮食出口增加时，可以反映出国内供给大于需求或者说出现供给短期过剩的情况，国内粮食价格在某种程度上出现了下降；同样，可以从国内粮食价格的上升与下降，看出国家对粮食出口量的减少或者增加。

表 3-7　lnDFP 与 lnEX 的格兰杰因果检验结果

假设	样本个数	F 统计量	伴随概率
lnDFP 不是 lnEX 的格兰杰原因	100	2.56879	0.0245
lnEX 不是 lnDFP 的格兰杰原因	100	1.23786	0.2956

我们以我国国内粮食价格为因变量来建立模型，由建立的修正误差模型，可以很好地分析我国粮食价格与粮食出口量之间的关系，也就是它们之间具有怎样的长短期关系。建立的修正误差模型可以表示如下：

$$\Delta \ln EX_t = \nu_0 + \nu_1(\ln EX_{t-1} - \alpha_6 - \beta_6 \ln DFP_{t-1}) + \nu_2 \Delta \ln DFP_t + \zeta_t \quad (3.7)$$

同样，用最小二乘法得出所需的线性模型表示为：

$$\ln EX = 28.1 - 4.96 \ln DFP + \zeta_t \quad (3.8)$$

那么残差序列就可以由下式反映：

$$\hat{\xi}_t = \ln EX_t - 28.1 + 4.96 \ln DFP_t \quad (3.9)$$

我们再将 $\hat{\xi}_{t-1}$ 代入式(3.7) 中，通过最小二乘法估计，并最终建立以下误差修正方程：

$$\Delta \ln EX_t = 0.3(\ln EX_{t-1} - 28.1 + 4.96 \ln DFP_{t-1}) - 6.62 \Delta \ln IFP_t - 0.02 \quad (3.10)$$

式(3.8)是协整方程，表明中国粮食出口和国内粮食价格之间的协整关系，具体而言就是当国内粮食价格上涨1%时，粮食的出口量会减少约4.96%。也就是说，当国内粮食长期供给不足时，粮价会上涨，国内粮食生产就会首先满足国内需求，这样粮食的对外出口就会减少。国内粮食的价格与粮食的出口贸易量是有关联性的，呈反比例波动关系。

四、主要结论和建议 ▶▶▶

(一)我国粮食市场与国际粮食市场之间存在密切关系

我国粮食市场和国际粮食市场存在密切联系，经实证分析，从长期来看，国际粮食市场与中国粮食市场存在一种长期稳定且均衡的关系。因此，我们要重视国际粮食市场对我国国内粮食市场的冲击和影响，稳定我国粮食价格，积极利用国际市场的变化来满足我国粮食市场的需求。当前，我国粮食市场机制还不健全，市场化程度还不高，需要积极进行改革，使得国内粮食市场更好地与国际市场接轨。国内市场机制不完善主要表现为以下几点：第一，中国的粮食收购政策受政府保护比较大，市场配置效率较低，并不完全由市场决定，政府存在着在一定程度上干预市场并平抑粮价的行为；第二，中国粮食市场的整体开放性和开放程度不高，在金融危机或者在自然条件不好的年份，政府对大米、小麦等战略性粮食品种实施贸易管制措施；第三，中国粮食品种金融化程度较低。作为国际价格传导最重要渠道的期货市场的信息传导机制不完善等因素阻隔了粮价的透明化和及时传递，弱化了中国粮食市场与国际粮食市场之间的价格联动。因此，我们必须重视国际粮食市场与国内粮食市场的相互关系，进一步利用国际粮食市场推动国内粮食市场机制的建立和完善。中国粮食市场必须加快与国际粮食市场的接轨进程，增强竞争力，积极参与国际粮食市场进出口贸易，提升粮食产业的经济效益。这样，中国粮食市场在市场化和国际化进程中与国际粮食市场的关联性将日益加强，从而更好地利用国际粮食市场的巨大发展空间来推动中国粮食产业和粮食贸易的发展。

(二)我国粮食进出口量的变动对国内粮食价格有一定冲击

在实证分析中可以看出，从长远角度考虑，我国国内粮食价格与粮食进口不存在稳定均衡关系，但与粮食出口之间关联性较大，存在着长期稳定均衡的联系。也就是说，我国粮食进口对国内粮食价格短期内有一定的冲击和影响。因此，我国应积极增加粮食产量，一方面可以满足国内的需要，另一方面可以积极参与国际竞争，并扩大粮食贸易的比重。在结合中国国情的基础上，可以扩大粮食的进口，利用国际粮食市场的优质粮食，满足国内市场的口粮以及工农业深加工的需要。在粮食进口不直接冲击粮价的基础上，以及在粮食产量的经济效益不高的情况下，可以加大粮食进口量，并适当降低国内粮食自给率，以国际市场上质优价廉的粮食来满足国内市场对粮食的多方面需求。与此同时，也要在关注经济效益的基础上，扩大粮食产量，生产质优价廉的农产品参与国际竞争，一方面满足国内需要，另一方面还可以增加外汇，增加农民收入。国内粮食充足，可以有效保障国内粮食安全。

（三）我国国内粮食价格以及国际粮食价格变动影响我国粮食出口

我国粮食出口对国际粮食价格未造成显著影响，但是国际粮食价格的变动会导致我国粮食出口的波动。国际粮食价格波动会对国际市场上相应国家国内的粮食价格带来直接影响。国内粮食价格的上涨，又会造成一些国家诸如中国国内粮食价格的相应上涨。价格上涨到一定程度，会引起国家的相应干预。为了平抑粮价，中国政府部门就会出台粮食限制措施，抑制粮食出口，使得粮食优先供应国内市场，满足各方面的需要。国家还会采取进一步的措施，如果国内粮食供应持续不足的话，国家可能向市场投放大量国家储备粮食，来缓解这一矛盾。如果还不足以调和的话，只有对外进口高价粮了，这会对我国的粮食安全带来潜在的危险和长远的影响。因此，国际市场上粮价的变动会对我国粮食出口带来直接影响。为了维护粮食安全，除了继续加大国家粮食储备外，还应增加农业投入，鼓励和支持国内粮食生产，以应对国际粮食市场波动所带来的风险。

因此，基于全球贸易视角，我国粮食市场将会有更大发展机遇，粮食贸易亦会有更大的提升空间。我们可以充分利用国际市场，弥补国内市场的不足，通过合理调剂国内粮食市场余缺，保障国内粮食安全。我们还要积极开发国际粮食市场，提高我国粮食生产率，在满足国内市场需求的同时，为国际市场提供更多更好的粮食产品，为世界粮食市场的稳定和繁荣做出贡献。

第六节　贸易制度对外商投资影响实证分析

随着国际经济贸易活动全球化的步伐加快，国与国的贸易往来更加密切，贸易制度和政策作为一国对外交往的主要制度之一，对本国及与其开展贸易活动的相关国家的经济活动带来重要影响，并对是否能有效吸引国际资本投资和吸引 FDI 的进入有着重大作用。不同国家由于制度环境不同，所采用的贸易政策和手段也不尽相同，因而对他国的外商投资的吸引力也不一样。我国作为快速发展中的大国，贸易制度正在逐步调整和完善，进行国际投资和资本转移活动的贸易投资环境也在完善和优化之中。加之，我国政治环境稳定，又拥有丰富的劳动力资源以及政府采取积极的招商引资政策和自身拥有的一系列优势，使得 FDI 大量流入中国，改变着外商投资的规模和力度，对外商投资活动有着积极的影响。本节在前面分析的基础上，结合中国贸易发展的实际情况，对贸易制度影响外商直接投资进行实证研究。制度作为东道国所拥有的很重要资源和具备的独特优势，对外商投资的区位选择以及投资领域有着直接影响。但是由于制度难以有效量化，在这里借鉴相关学者的分析方法，选取五个有代表性的制度指标变量及两国 GDP 和两国间距离这两个变量等，分析贸易制度对 FDI 的影响，并通过实证分析，得出相关结论和建议，对我国进一步调整和完善贸易制度有着积极的指导意义。

一、文献回顾 ▶▶▶

在制度影响外商贸易投资活动的相关领域，有不少学者进行过大量研究。通过研究解释了为什么有的国家能够吸引到优良的外部资本为本国经济服务，而有的国家却没有外资或很少有外资进入；解释说明了为什么有的企业不是在本国进行继续投资生产，而是走出国门在他国进行投资生产经营活动，制度因素的优良与否在其中起着决定作用。Aliber(1970)认为，一国经济运行体制的稳定性是影响 FDI 进入的一个重要因素。邓宁强调所有权优势与区位优势，以及内部化优势，这三大优势是吸引外商直接投资的三大要素。诺斯(1991)认为制度为外商提供了一种经济激励结构，制度决定着外商投资是增长、停滞还是衰退的走向。Hlines(1995)和 Wei(1997)把东道国的国家风险及腐败程度等因素加入了对 FDI 起影响作用的因素之中。Victor、Jeffrey 和 Bistra(1998)认为，东道国制度和相关贸易政策在内部化优势及区位优势中起重要作用。邓宁(1998)认为，跨国公司在选择投资对象国时，趋向于进入法律制度相对完善的国家，以及能有效保护知识产权且劳动力资源丰富和素质较高的国家；Narula 和 Dun-Ning (2000)认为，制度是一个国家的“创造性资产”，这比“自然资产”更能对 FDI 起重要作用。Alan 和 Klaus(2004)认为，制度是一种很重要的区位优势，影响着 FDI 进入东道国的程度。随着中国 FDI 进入规模的迅速增长，中国的一些学者也对国家制度影响外商投资进行了实证研究和分析。羊健(1997)在文中研究了制度因素对于中国吸引FDI的进入以及进行区位选择方面的重要影响。丁辉侠、冯宗宪(2007)运用引力模型进行实证分析，认为中国制度变量这一区位优势对中国吸引外商投资有着重要影响，并分析了投资保护协定、政策、关税水平及政府廉洁度等变量对外商投资的影响。池建宇、方英(2014)研究了东道国政治、经济与法律制度对他国进入东道国投资区位选择的影响。一些研究还表明，外商对外投资也是利用东道国的资源在不同地区进行相互影响和扩大经济实力。因此，可以增强外资企业资源能力的东道国贸易制度更能吸引外商投资的进入。本部分通过实证分析，进一步说明我国贸易制度环境对吸引外商投资的重要性，并为我国进行贸易制度建设以更好地吸引外商投资提供合理的政策建议。

二、变量分析与模型建立 ▶▶▶

(一)变量分析

我们要分析贸易制度对外商投资的影响，一国的制度因素有很多，影响外商投资的制度因素有政治、经济和文化等。具体到贸易制度对外商直接投资的影响方面，我们对制度因素进行具体分析，先选取关税水平、知识产权、汇率、政府廉洁度以及双边投资保护协定等五个指标对FDI的影响进行分析。

(1)关税水平(TARI)。在进出口贸易中，如果东道国的进口关税税率很高，那么投资国向东道国出口的成本就会增大。当关税税率上升到一定程度的时候，也就是对出口国来说关税税率已经很高以至难以承受的时候，商品的出口国就会采取其他措施，使得产品出口能尽量避开东道国的关税壁垒，这样出口国就会选择用直接投资的方式进入东道国市场进行经营活动。因此，我们可以从中发现，当东道国的关税税率很高的时候，就会形成区位优势，从而促进FDI的流入。

(2)知识产权(IPRI)。东道国的制度建设对FDI有着直接的影响，外商企业会关注投资目的国的法律制度是否健全，因为进行国际直接投资的企业大多是私营企业，它们希望投资的目的地能够有效保护私有财产，也包括无形资产中的知识产权。如果东道国对外商的知识技术产品没有很好的制度保障，则会极大地影响FDI进入的积极性。

(3)汇率(EXRA)。东道国的汇率波动会影响直接投资活动，本币汇率降低，也就是本币对外币比值贬低，这会抑制进口，促使外商直接在东道国进行投资生产。货币贬值会降低投资者的成本，从而增加投资者的利润，这对吸引FDI具有积极促进作用。

(4)政府廉洁度(ADMI)。一些学者通过研究发现，东道国政府的廉洁度，主要是一些诸如海关以及其他政府职能部门的廉洁度，对 FDI 的进入有很大影响，不仅影响外资进入的规模，还影响外资的投资模式等。潘镇(2004)在研究制度变量对中国吸引 FDI 的影响时，就实证分析了 FDI 偏向于流入政府廉洁度较高的东道国或地区。

(5)双边投资保护协定(BIPA)。贸易与投资往来国家之间的贸易协定也是一种很重要的制度保障，如果国家双边签订了投资保护协定，则能很好地鼓励和促进两国之间的直接投资活动。这些投资保护协定主要是对外国投资者的财产予以保护，还有投资保险协议、补偿协定以及发生摩擦时的解决办法等。投资双方签订保护协定，有利于保护投资者的利益，促进 FDI 的进入。

除了上述五个指标外，还有其他指标也会对外商投资有一定的影响。制度有正式制度和非正式制度之分。非正式制度有时对外商投资有着不可估量的影响，在不同文化的国家进行贸易投资需要付出更多的成本，一些学者通过研究发现，投资国和东道国的文化距离与外商投资的流入成反比例关系。投资者进入东道国，需要付出了解消费者偏好及调查市场的成本，以及与地方官员建立合作关系的成本等。外商需要与东道国多方面人员打交道，投资国与东道国具有文化相似性可使外商投资企业减少成本开支。为了变量获取的便利性以及计算的方便，我们暂时选取上面五个制度变量，再加上后面模型建立的需要增加两国的 GDP 以及两国之间的距离这两个变量，应用七个变量对外商投资的影响进行实证分析。

(二)模型建立

在这里引用贸易引力模型进行实证分析。贸易引力模型借鉴牛顿万有引力定律，即两个物体的相互吸引力与两者质量的积成正比，与距离的平方成反比。那么可以把这一思想应用到国际贸易领域，也就是两国的贸易量与经济规模之积成正比例关系，与两国距离成反比例关系。丁伯根和波哈伦最早在国际贸易领域应用贸易引力模型。他们发现两国之间的贸易量与 GDP 成正比，同时与两国距离成反比例关系。之后，在对外贸易领域，应用贸易引力模型成了实证研究的常用工具。而且引力模型被进一步推广到国际移民、国外旅游以及 FDI 等领域。特别是在外商投资方面，很多实证分析采用引力模型进行分析。

我们以贸易引力模型为基础，研究贸易制度质量对外商投资的影响关系。在贸易引力模型中，投资国和东道国之间的贸易量与两国间的经济总量成正比例关系，又与这两个国家的空间距离成反比率关系。我们先分析贸易引力模型，用数学公式表示为：

$$X_{ij} = A(Y_i Y_j)\ D_{ij} \tag{3.11}$$

其中，X_{ij} 表示 i 与 j 两个国家之间的贸易流量；A 表示常数项；Y_i 和 Y_j 表

示 i、j 两国各自的国民收入水平；D_{ij} 表示 i、j 两个国家之间的地理距离。由于该模型是非线性模型，为了便于进行实证分析和计算的方便，我们将该模型取对数，这样，原有模型就可以转化为线性对数模型表达式：

$$\ln X_{ij}=\beta_0+\beta_1\ln(Y_iY_j)+\beta_2\ln D_{ij}+\mu_{ij} \tag{3.12}$$

其中，X_{ij}、Y_i、Y_j 及 D_{ij} 的含义和上式相同，$\ln X_{ij}$、$\ln(Y_iY_j)$ 和 $\ln D_{ij}$ 分别表示 X_{ij}、Y_iY_j 和 D_{ij} 的自然对数，β_0、β_1 和 β_2 则表示为回归系数，u_{ij} 表示的是标准随机误差。以上述模型为基础，我们可以引入不同的变量进行代入分析，还可以根据实证的需要加入其他相关变量。

我们对两个国家各自的经济规模和距离进行分析，发现外商投资国和东道国的经济规模增加会促进外商对东道国的投资，两国之间的距离则是外商直接投资的阻碍。因此，我们在选取上面分析的五个贸易制度指标之外，在解释变量中再加入两个变量进行分析，就是投资国与中国经济规模之和这一变量，以及投资国首都与中国首都之间的地理距离这一变量，使得实证分析更加具有说服力。

同样，我们以式(3.12)为基础，建立新的计量经济模型如下：

$$\begin{aligned}\ln \mathrm{FDI}_{it}=&\beta_0+\beta_1\ln \mathrm{TGDP}_t+\beta_2\ln \mathrm{DIST}_{it}+\beta_3\ln \mathrm{TARI}_t+\beta_4\ln \mathrm{IPRI}_t+\beta_5\ln \mathrm{EXRA}_t\\&+\beta_6\ln \mathrm{ADMI}_t+\beta_7\mathrm{BIPA}_t+\mu_{it}\end{aligned} \tag{3.13}$$

现对上述模型中的变量进行解释说明：因变量 $\ln \mathrm{FDI}_{it}$ 的下标 t 从 1～20 表示时期，下标 i 表示第 i 个国家，FDI_{it} 表示第 t 时期第 i 个投资国对中国的投资额(百万美元)；TGDP(亿美元)表示投资国与中国两国 GDP 的和，是两个国家的经济规模总量；DIST_{it} 表示第 t 时期第 i 个投资国首都与中国首都之间的地理距离(英里，1 英里＝1609.344 米)；TARI 为中国的关税税率水平；IPRI 表示中国的发明及专利的批准数，说明中国政府对知识产权的保护程度；EXRA 为中国用汇率中间价表示的汇率水平；ADMI 为中国政府在执行管理与监督工作中的廉洁程度，这方面的数据用行政支出与财政支出之比来表示；BIPA 是变量值为 1 的哑元变量，表明投资国与中国有签订投资保护协定。在各变量中，除哑元变量外的自变量及因变量都取对数表示，以克服异方差问题，减少残差非正态分布，回归方程系数反映因变量对自变量的弹性。

三、数据来源及与分析结果 ▶▶▶

在本文中运用面板数据和贸易引力模型，对中国贸易制度影响主要投资国或地区在华投资进行实证分析。参考数据为 1998—2017 年的数据，主要投资国家和地区为：日本、韩国、泰国、菲律宾、新加坡及美国和欧盟等国家及地区。这期间的相关数据来自各年度的《国际统计年鉴》《对外经济统计年鉴》《中国统计年鉴》等,并用 WinGlobeV 2.1 软件计算出距离数据。计量分析结果如表3-8所示。

表 3-8　计量分析结果

符号	模型 L1	模型 L2	模型 L3	模型 L4	模型 L5	模型 L6	模型 L7
C	6.18 (4.52)***	6.17 (4.51)***	5.73 (2.85)*	5.29 (2.86)**	8.65 (4.38)***	6.28 (5.07)***	−0.28 (−0.06)
lnTGDP	1.33 (10.52)	1.33 (9.86)***	1.32 (9.93)***	1.29 (9.82)***	1.35 (10.38)***	1.12 (9.38)***	1.85 13.39***
lnDIST	−1.28 (−8.35)***	−1.27 (−8.25)***	−1.26 (−8.2)***	−1.26 (−8.18)***	−1.29 (−8.36)***	−1.28 (−8.97)***	−1.28 (−9.97)***
lnTARI		1.03 (1.08)					0.28 1.16
lnIPRI			0.28 (0.52)				0.18 0.68
lnLEXRA				1.12 (1.62)*			0.82 (1.21)
lnADMI					0.17 (0.21)		0.63 0.65
lnBIPA						2.18 (7.66)***	1.87 (7.65)***
R^2	0.628	0.627	0.628	0.632	0.621	0.705	0.782
Ad R^2	0.625	0.623	0.623	0.627	0.628	0.693	0.770
F	130	100	100	110	110	135	100

注:括号内的数字为 t 值,* 表示在 10%的水平上显著,** 表示在 5%的水平上显著,*** 表示在 1%的水平上显著。

对表 3-8 得出的结果进行分析,模型 L1 至模型 L7 分别检验了中国与投资国的经济总量、地理距离及中国主要贸易制度变量对吸引外商投资的影响。根据分析结果总结如下。

(1)投资国与中国经济总量之和及两国中心的距离在计量模型统计分析上都是显著的,前者符号为正,后者符号为负。这说明,两国经济总量之和越大就越有利于吸引 FDI 进入中国,两国距离越远就越不利于吸引外商投资流入,这一实证结果与之前的预期一致。

(2) 模型 L1 是政策变量对 FDI 的影响,表示在 1%的水平上显著,中国政府在引进外资政策，进一步加大优惠力度，交通、水电、通信等基础设施不断完善，国家政治经济持续稳定等，对外资有较大吸引力。中国还进行了一系列财政和税收改革，这些制度和政策方面的完善对外商投资者有较大的吸引力。

(3) 模型 L2 的关税水平及模型 L3 的知识产权保护程度与预期相符，在统计结果上也是显著的，说明关税税率变化对外商投资具有重要影响。并且，随着中国对知识产权保护力度的加强，外商企业更加放心对知识产权和技术的引进，获得更多的利润，进而更加有利于吸引外商投资。

(4)模型 L4 的汇率仅在 10%的水平上显著，说明人民币的升值对中国吸引外商投资有不利影响。模型 L5 政府廉洁度有较小的显著性，说明政府廉洁度对外商投资具有一定的影响，但不是外商投资主要考虑的因素，中国政府对外商服务的办事效率和行政能力在逐步提高。

(5)模型 L6 的双边投资保护协定，说明投资国与中国签订的这类协定对中国吸引外商投资具有重要作用。中国积极完善双边投资保护协定的制度建设，保护了外商投资者的合法权益，增强了外商投资对中国的热情。

(6)模型 L7 纳入了中国贸易制度及所有相关变量，拟合度较好，能较为全面地解释中国各种贸易制度因素对吸引外商投资流入的影响。

四、相关结论 ▶▶▶

本节主要采用实证分析，阐释了我国主要贸易制度因素对吸引外商投资的影响。通过分析结果，我们可以看出，我国的主要贸易制度对外商在华投资具有重要影响，制度建设的进一步优化和完善会越来越多地吸引国际资本和外商企业进入中国进行投资活动，这对于进一步促进我国对外贸易发展和积极参与国际竞争以及增强中国的整体经济实力和国际影响力都具有重要意义。因此，我们必须采取进一步措施，不断进行贸易制度改革和完善，并采取一系列有效制度措施和优惠政策来吸引更多外商投资进入中国市场。

在如今激烈竞争的国际环境下，只有不断地进行贸易制度建设，才能在争取外商投资的竞争中取得优势。我们必须做好以下几点。第一，进行关税制度改革。实施高税率，对本国相关产业能够起到一定的保护作用，同时也使外商尽量绕开关税壁垒，加大对中国国内的投资数量和规模。但是随着中国对外贸易的进一步扩大，降低关税税率是大势所趋，可以有效减少贸易摩擦，并使国外商品更多地进入，能促进国内相关行业的竞争，带动行业内产业结构转型升级，使国内经济与贸易得到进一步发展。第二，加大对知识产权的保护。随着改革开放的深入发展，我国逐步建立知识产权保护制度，对国内外企业的专利和技术起到保障作用，促使外商企业能更好地引进先进技术和经验，对我国经济的发展有着一定的推动作用。第三，坚持汇率制度改革。人民币汇率上升后，使得外商的成本在一定时间内会增加。但是从长远来看，外商会因人民币升值而获得更多利润，中国经济增长会进一步吸引更多外商投资的流入。第四，继续提高政府的廉洁度。在我国逐步融入全球经济体系后，会有更多外资进入。只有政府提高行政效率，并提高廉洁度，才能更好地为外资企业提供服务，这样就能更多地吸引国际投资的进入。有了廉洁的政府组织，就能创建良好的市场经济秩序，使得更多的外资企业愿意进入中国，分享中国经济增长的成果。第五，积极签订双边投资保护协定。在世界经济发展中，国与国的贸易往来更加频繁，为了更好地维护双边利益，很有必要签订双边投资保护协定。这对进入本国的外资有着保护和激励作用，并促进外资更多地流入我国。第六，加强非正式制度环境建设。由于非正式制度环境对企业的投资经营活动产生重要影响，所以必须加强国与国的人文交往，相互熟悉各自的文化习俗和市场环境，运用文化习俗加强和他国的联系，吸引更多的华人华侨以及认可中国文化观念的国际企业进入中国市场进行投资经营活动。

我国需要进一步完善宏观投资环境。优良的贸易制度对吸引外国投资起到很大的作用，我国引进外商投资的规模和质量都在提升，其中很重要的因素就在于中国贸易制度的不断完善。随着中国市场经济体制的逐步建立和贸易制度的完善，必定会吸引越来越多的外商投资进入中国市场，中国必将成为外资企业争相投资和进入的热点目的地。

本章小结 ▶▶▶

本章研究了贸易制度对外商投资的影响，分析了我国贸易关税制度的相关理论，指出关税制度的内涵、关税制度的变迁、关税制度的作用及相关评价。随后分析了美国对华贸易摩擦的相关影响，对我国外贸业务发展及对策进行了探讨，还就我国粮食贸易与价格体制影响以及贸易制度对外商投资影响进行了实证分析。

第四章

推进丝绸之路经济带建设以吸引外商投资相关研究

第一节　我国推进丝绸之路经济带建设分析

2019年11月5日，习近平总书记在上海第二届中国国际进口博览会开幕式上强调，要继续推进共建“一带一路”的倡议，我国将更加重视商品进口，进一步降低关税，培育进口贸易创新示范区，扩大对高质量产品进口，这是践行“一带一路”理念的重要体现，与丝路精神一脉相承。截至2019年10月，我国已同多个国家和国际组织签署共197份共建“一带一路”文件，秉持共商共建共享原则，努力实现高标准和可持续发展目标，推动共建“一带一路”高质量发展。我国推动丝绸之路经济带建设，已上升到国家战略层面，将有助于我国进一步扩大开放，推动建设开放型世界经济，构建人类命运共同体。2019年，丝绸之路经济带建设的各项工作取得明显成效，促进各国经济发展，提升了区域影响力。因此，积极推动丝绸之路经济带建设，并提出有效的建设方式与对策，有利于沿线国家经济发展，也利于我国经济更好地走向海外。这对于促进丝绸之路沿线国家与我国经济贸易融合、共同构建人类命运共同体，具有重要的现实意义。

一、丝绸之路经济带进入建设与开放的新格局 ▶▶▶

（一）中西亚经济走廊成为丝绸之路经济带建设的亮点

在丝绸之路经济带上，我国与中亚5国及西亚17国的对接与合作持续深入。截至2019年8月，中国-中亚天然气管道上的土库曼斯坦阿姆河天然气公司和乌兹别克斯坦国家输气公司，先后向我国输送 2000 多亿立方米天然气。2018 年初，我国开拓哈萨克斯坦市场气源，丰富了天然气进入我国的渠道。在交通运输领域，“六廊六路多国多港”作为共建“一带一路”的主要体系，为丝绸之路经济带建设指明了方向。塔吉克斯坦桥隧项目贯通等中西亚经济走廊建设，既有利于丝绸之路区域国家之间的交通运输，又可促进各国经贸往来。在 2019 年 11 月的第二届中国进博会上，湖北自贸区提出融入丝绸之路经济带建设的方案，强调加强对外交流合作，深度参与丝绸之路经济带建设，积极开展湖北企业“中亚行”和“丝路行”等活动，共建中外合作高科技产业园，打造中法武汉生态示范城、孝感日商产业园和中德荆州生态园，对接中西亚经济走廊建设，促进湖北自贸区经济与丝绸之路沿线经济的融合。

(二)新亚欧大陆桥串接中国内陆与欧洲腹地

丝绸之路上的新亚欧大陆桥起到了很好的经济连接作用。我国连云港作为东方桥头堡，辐射范围大，国际影响深远，推动丝绸之路沿线国家经济发展。据统计，2018 年 1—7 月，连云港国际班列共开行 414 班次，集装箱运送达到 39 万标箱，输送货物价值共 411 亿元。中哈物流合作基地开展信息化建设，使得新亚欧大陆桥货运速度得到大幅提升。中哈基地装车有助于打造海陆互通一体运营模式，促进国际货物集聚与规模效应的形成。例如，2019 年 4 月，在第二届“一带一路”高峰论坛上，习近平总书记强调共建“一带一路”倡议，构建以新亚欧大陆桥为引领，以中欧班列大通道为骨架，以铁路和港口为依托的互联互通网络，推动新亚欧大陆桥成为中国内陆与欧洲腹地的经济纽带。

(三)中巴经济走廊建设彰显命运共同体的内涵

丝绸之路上的中巴经济走廊建设，对促进沿线区域经济发展有重大利好作用，为巴基斯坦人民带来较大福祉，拉动当地经济发展。这个项目的落地为当地创造了 38 万个工作岗位，带动了相关产业的发展。例如，2018 年，中巴光缆贯通，推动了双方信息的联通，两地人民的沟通日益紧密。2018 年 5 月，白沙瓦至木尔坦段高速公路通车，投资约 289 亿美元，其作为中巴经济走廊最大交通项目，已成为贯通巴基斯坦南北的交通大动脉，有利于沿线区域维护政治稳定和促进经济发展。2018 年 11 月 3 日，巴基斯坦《每日新闻》发表《中国国际进口博览会和巴基斯坦》，称首届进博会对于巴基斯坦、中国以及其他国家，都是一次重大的机遇，应该进一步推进中巴经济走廊扩大化。2019 年 11 月，巴方在第二届进博会上，肯定了中巴经济走廊建设对拉动巴方经济发展所起的巨大作用，对于我国做出的重要贡献给予了高度评价。

二、我国推进丝绸之路经济带建设的常规模式分析 ▶▶▶

(一)基础设施是丝绸之路经济带建设的持续重点

经过几年时间的建设,丝绸之路经济带国际大通道正在加快形成。我国高铁作为一张重要名片,正在加速走出去,造福丝绸之路沿线国家人民。截至2018年底,我国企业建设中的或有意向建设的境外铁路项目超过20个,总项目投资额超过1000亿元。到2018年12月,我国参与约34个国家共计42个港口的经营与建设,与丝绸之路沿线国家交通合作稳步开展,形成辐射欧洲、中亚和南亚的陆上和空中交通运输网络,国际大通道正在加快建成。

1. 陆上丝路建设——中欧班列逐步显现巨大品牌效应

近年来,中国国家铁路集团有限公司加快扩大中欧班列开行数量,促进丝绸之路沿线国家之间的经贸往来。据统计,2011年开行至今,中欧班列2017年开始出现井喷式增长,累计共开行3673010列,超过前6年总和。2018年也保持了继续增长态势,货物运输品种更加多样化。对于湖北自贸区来说,中欧班列成为武汉承接外向型产业转移的招商"利器",释放着强大的经济拉动力。截至2018年11月,汉欧班列总共发运1200列106842标准箱。汉欧班列融入湖北自贸区建设,促进湖北自贸区武汉、宜昌和襄阳三大片区的经济融合,开通"宜汉欧"和"襄汉欧"班列,使得中欧班列与湖北自贸区形成联动效应,这对于促进湖北自贸区与丝绸之路沿线国家经济融合起到了重要作用。

2. 空中丝路建设——网络正在加快建设

随着区域经济一体化的加快发展,丝绸之路沿线国家的空中交往也越来越频繁,特别是我国内地自贸区的加快建设,使得我国与丝绸之路沿线国家的空中网络正在逐步形成。相关统计数据显示,2013年10月至2018年12月,我国与"一带一路"沿线62个国家签订了航空运输协定,与沿线45个国家实现直航;2018年8月,我国和白俄罗斯之间执行互免签证政策,构建空中丝绸之路桥梁,以郑州为中心的航空双枢纽正在逐步形成;2016年底,顺丰机场落户湖北鄂州,与湖北自贸区、武汉天河机场临空经济区融合,成为建设我国中部空中丝绸之路的重要载体。开展现代航空运输业建设,不仅是建成长江中游高端临空产业的重要一环,也是实现湖北自贸区与丝绸之路沿线国家开展跨境自由贸易的有效路径。

(二)推进丝绸之路经济带建设的产业融合发展

1. 促进欧亚经贸产业合作加快发展

2019年,我国与丝绸之路经济带亚欧国家贸易额增长迅速,成为丝绸之路经济带大多数国家的最大贸易伙伴。2018 年相关统计数据显示，我国与“一带一路”沿线国家贸易总额超过 50000 亿美元，实现年均增长 72%的规模，签订承包合同额超过 5000 亿美元；2017 年，我国与欧亚经济联盟成员贸易额达 1094 亿美元，与俄罗斯贸易额增至 860 亿美元，2018 年上半年贸易额同比增长近 30%，2019 年贸易额进一步增长；2019 年 11 月 7 日，欧亚经济委员会委员尼基申娜表示，第二届中国上海进博会已成为增进各国经贸往来的典范，表明中国政府支持国际贸易关系走向开放和平衡，对于中国与欧亚经贸合作是一次难得的机遇。

2. 推动国际产业合作园区发挥经济支撑作用

2018 年 10 月统计数据显示，我国建设境外经贸合作区共 82 个，累计投资 289 亿美元。园区主要集中在中亚和东欧国家，成为中国企业与“一带一路”产业合作的重要平台。截至 2017 年 8 月，中白工业园企业园区已入驻 37 家企业，我国企业占 21 家，中哈霍尔果斯国际边境合作中心园区建设力度加大；2018 年 4 月，中俄丝绸之路创新园正式开园，俄罗斯多家集团企业与沣东新城达成了战略合作；2019 年 11 月，湖北在第二届进博会上，积极推动在武汉黄陂建设武汉中日产业园，力争将其打造成为国际产业合作园区的武汉模式和世界样板。国际产业合作园区的建设，将有力促进区域国家之间产业经济的融合与发展。

(三)深化丝绸之路经济带建设的金融与贸易协同发展

1. 推动国内外经贸平台影响力不断扩大

依托各类国际和国内经贸平台，我国与丝绸之路经济带国家经贸合作进一步加强。中俄博览会促进中俄两国经贸务实合作，中俄等 35 个国家和地区 61 家企业嘉宾参会交流，推动区域间贸易经济协同发展。2018 年 8 月 30 日，中国-亚欧博览会召开，新疆与丝绸之路经济带沿线国家签订了 29 个外贸协议，贸易总额达 10488 亿元。2018 年 11 月 5 日首届中国进博会的召开，拉动了西部经济的发展。到 2019 年 11 月进博会召开之际，新疆已与全球 192 个国家和地区开展经贸合作。陕西依托丝博会和丝绸之路国际旅游博览会，与丝绸之路经济带沿线国家交流日益频繁，同 34 个国家 86 对友好城市建立合作关系，吸引丝绸之路沿线国家 400 多家企业来陕投资。通过高规格经贸平台，很好地促进了我国与丝绸之路沿线国家之间的经贸往来。

2. 加快人民币跨境金融贸易结算不断增长

2017 年 5 月，习近平总书记在首届“一带一路”高峰论坛上指出，我国金融机构需要走出去，积极开展人民币海外基金业务。到 2019 年 3 月底，人民币海外基金业务规模达 3000 多亿元，有 28 个国家和地区都在使用人民币作为结算货币，投资范围覆盖金融业和制造业等重要行业。我国与日本、韩国、英国等国签署了双边本币互换协议，合作范围扩大到货币、保险及金融等领域。据统计，新疆已与境外90个国家和地区开展人民币结算业务，累计结算量超2600亿元；陕西建设西部人民币资金集中运营中心，跨境人民币结算突破2000亿元大关，涉及1513家境外银行，辐射108个国家和地区。人民币跨境贸易结算促进了丝绸之路经济带建设。

（四）积极推进丝绸之路经济带建设与进博会对接及融合

我国积极举办进博会，对接丝绸之路经济带建设，极大地促进了丝绸之路沿线国家的经济融合。我国在2018—2019年举办的两届进博会，能够更好地跟踪区域最新经贸发展趋势，让世界优质产品触手可及，成为我国与丝绸之路沿线国家共享未来的平台。据统计，截至2019年11月10日，第二届中国进博会有181个国家和国际组织与会，3800多家企业参展，境外采购商7000多位，累计意向成交711.3亿美元，比首届进博会增长23%。中国国际进口博览会作为丝绸之路发展史上的一大创举，已成为国际贸易合作的重要平台。我国举办国际进口博览会，向丝绸之路沿线国家开放市场和扩大进口，有力推动新一轮对外开放，引领丝绸之路沿线国家经贸合作，为全球经济发展注入新的动力。

三、创新丝绸之路经济带建设的进路选择 ▶▶▶

（一）进一步优化丝绸之路沿线国家间政治互信和政策环境

近年来，在我国和丝绸之路沿线国家领导人的共同推动下，丝绸之路经济带建设的政策环境不断优化，为区域经济发展提供了良好的政治互信和保障。2012年4月，中国-中东欧国家领导人在华沙举行会晤，促进“16＋1”合作机制成立，推动我国与中东欧十六国政治互信进一步加强；2019年11月5日，习近平总书记在第二届进博会开幕式上强调我国继续推进共建“一带一路”，倡导政治互信，得到了亚欧国家的认可，有利于推动丝绸之路沿线区域国家的交流与合作走向更深层次。同时，我国与亚欧大陆沿线国家将依托和利用“一带一路”高峰论坛、欧亚经济联盟、“16＋1”合作机制等国际平台，加强经济合作，建立多边政治互信，促进丝绸之路沿线国家的安全与发展。

（二）大力建设基础设施，促进丝绸之路沿线国家贸易发展

区域基础设施建设要作为丝绸之路经济带的优先发展方向，我国与亚欧大陆国家在公路、铁路、航空等方面的建设得到显著提升。随着丝绸之路经济带建设的持续推进，我国高铁加快走出去的步伐，推动我国铁路建设标准国际化，促进亚欧大陆的经济贸易往来。2014年6月5日，中阿合作论坛第六届部长级会议在北京召开，习近平总书记倡导构建中阿“1＋2＋3”合作格局，加强中国同阿拉伯国家基础设施建设和贸易投资合作；2015 年 3 月底，中国携手他国依托国际大通道，打造六大经济走廊；2018 年，中国政府倡议与各国共建"冰上丝绸之路"，丝绸之路沿线国家在交通和通信等基础设施带动下，建立起工业园区和自由贸易区，推动丝绸之路沿线国家经贸取得更大发展。

(三)推动区域高标准自由贸易网络加快形成

随着丝绸之路建设的加快推进，区域各国贸易往来持续扩大，各国之间的投资合作不断加强，高标准自由贸易网络逐步建立。我国将进一步推动以多边投资和贸易融合为核心的贸易网络建设，积极推进与丝绸之路沿线国家的经贸合作。2014 年 12 月 5 日，习近平总书记强调要加快实施自由贸易区战略，构筑立足周边、辐射"一带一路"、面向全球的自由贸易区网络，同"一带一路"沿线国家建设自由贸易区；2019 年 6 月，国家主席总书记在 G20 峰会上，宣布将新设 6 个自由贸易试验区，构筑了开放新版图，开启了我国新一轮自贸区建设的大幕。我国将依托"丝路电商"，加快大数据、云计算和人工智能等科技创新，设立亚欧大陆数据中心，推动现代通信科技融入丝绸之路经济带建设之中。

(四)促进各国多边金融合作格局不断拓展

随着国际社会对中国丝绸之路精神倡议的普遍认可和人民币国际信用的不断提升，各类金融合作参与主体在丝绸之路经济带建设中将发挥更加积极的作用。2015 年 12 月，亚投行正式成立；2017 年 5 月，习近平总书记宣布加大对"一带一路"建设资金支持力度，为沿线国家提供投融资支持；2019 年，我国继续发挥丝路基金、中国-中东欧"16＋1"金融控股公司的作用，支持沿线国家基础设施、科技教育和旅游开发等领域的发展，吸引更多投资进入丝绸之路经济带建设。丝绸之路经济带作为我国发起与推动人类共同命运体建设的重大创举，必将吸引更多的国际金融机构加入，开放包容的经贸合作之路将使得丝绸之路经济带沿线各国受益。

(五)推动我国自贸区与丝绸之路经济带区域经贸融合

我国一直在努力推动自贸区与丝绸之路经济带沿线国家之间的经贸融合。2019 年 8 月 26 日，我国政府新设自由贸易试验区总体方案，促使自由贸易试验区再次扩容，自贸区数量增至 18 个，实现我国沿海地区自贸区全覆盖。2019 年 11 月 6 日，中国(湖北)自由贸易试验区在第二届进博会上召开推介会暨签约会，武汉片区将建设光谷集成电路和半导体显示产业项目，打造武汉跨境电商综合试验区产业园区；襄阳片区建设智能网联智慧生态小镇及高新园电子信息产业项目；宜昌片区将建设宜昌综合保税区和宜昌生物产业园等项目；湖北企业在进博会的两项对接活动中，共签下 51 个重大项目，促进我国自贸区与丝绸之路沿线国家间的经济融合。自贸区和进博会体现了时代精神和中国特色，具备战略性与实操性,构成了中国推动丝绸之路经济带建设的"一体两翼",双轮驱动中国加速融入和引领全球化,奔向民族复兴之路。

第二节　后疫情时代我国推进数字丝绸之路贸易发展分析

新冠肺炎疫情的蔓延,对沿线各国的经济发展和文化交流造成很大的冲击,各国都更加意识到数字丝绸之路(又称"网上丝绸之路")建设的重要性。新冠肺炎疫情发生以来,在线教育、远程医疗、共享平台、协同办公等迅速发展起来,互联网行业在保障社会运行、促进经济复苏等领域发挥了积极作用,使得我国成为2020年全球唯一实现经济正增长的主要经济体。2021年第一季度,我国经济继续保持良好的发展态势。2019年4月,习近平总书记在第二届高峰论坛上强调,共同把握数字化和智能化发展机遇,建设数字丝绸之路,在峰会期间,还创设"共建21世纪数字丝绸之路"分论坛,数字丝绸之路引起与会各国的高度关注;2020年9月,在厦门举行的国际投资贸易洽谈会暨丝路投资大会上,新冠肺炎疫情下"一带一路"沿线国家如何更好地开展合作成为会议的热点话题。后疫情时代,2021年作为我国"十四五"规划的开局之年,国家更加重视数字丝绸之路的建设,积极与"一带一路"沿线国家和地区一起,利用数字经济发展机遇,拓展数字经济发展领域。数字丝绸之路是以深化"一带一路"数字经济国际合作为核心内容,共建信息基础设施、促进信息技术合作、加强互联网经贸和人文交流,共建"网络空间命运共同体"。数字丝绸之路源自中国,属于世界,已成为"一带一路"沿线国家推进国际经济合作与发展的新引擎。

一、后疫情时代数字丝绸之路建设的现状分析 ▶▶▶

(一)数字经济为我国经济快速发展注入新动力

近年来,我国在互联网数字经济领域均取得了历史性成就,数字经济欣欣向荣,互联网基础设施全面覆盖,高新技术发展快速,互联网治理加速完善。数字经济引领未来新形态,成为经济转型增速的新蓝海。我国在"十四五"规划中提出,要发挥大数据优势,促进数字技术和实体经济深度融合,推动产业转型升级,打造产业新业态模式,为我国数字经济发展注入新动力。我们需要把握机遇,重点突破,实现数字经济的跨越式发展。大数据在"一带一路"沿线国家经济中作用明显，成为改变产业竞争格局的重要因素。我们要积极推进大数据市场化进程，推动数据开放共享，加强数据资源整合，培育大数据交易市场，抢占全球数字竞争制高点。在新冠肺炎疫情期间，我国数字化能力提升了战胜疫情的智能化水平，推动了政务数据和社会数据共享，激发了社会经济发展活力。我们需要健全数字化监管，加强对大数据治理，促进我国以及“一带一路”沿线国家的经济发展，使丝绸之路沿线国家能够共享数字经济带来的成果。

(二)推动网购和电商成为零售贸易的重要方式

新冠肺炎疫情对“一带一路”沿线各国实体经济冲击很大，很多商场关门倒闭，消费者没法进行接触式购物。因此，网购成为很多消费者的主要选择，电商成了各国零售贸易的希望所在。疫情期间，各国网购商品的种类和数量大大增加，销售量和销售额也在不断提升。2019 年，我国电子商务得到迅速发展，销售额达到 1.94 万亿美元，是美国销售额的 3 倍，位居世界首位。新冠肺炎疫情发生以来，我国网购人数不断增长，更多企业转向数字化经营。例如，2020 年第二季度，美团点评实现净利润比 2019 年同期增长 152%，达到 22.1 亿元，阿里巴巴等互联网巨头利润也增长迅速。新冠肺炎疫情作为刺激我国电商发展的一个重要外部要素，其核心原因在于政府对电子商务的大力扶持以及我国互联网企业的进取精神。电子商务的稳定性和灵活性在疫情期间得到了充分显现，我国互联网企业在“一带一路”沿线国家的影响力得到了很大提升。我国远程诊疗、在线医疗、免费咨询迅速发展起来。在线医疗不仅惠及我国病人和患者，也造福于“一带一路”沿线国家的医院和患者，数字经济进一步促进了沿线各国的经济发展。

(三)发展数字丝绸之路成为“一带一路”沿线国家新的经济增长点

大力发展数字经济，已经是越来越多国家的共识。数字经济对国民经济有着重要贡献，积极发展数字丝绸之路，能够为“一带一路”国家创造新的经济增长点。这对于促进就业率的提升，人民生活水平的提升，有着重要意义。数字经济在诸多行业有着很好的应用，在发展智慧城市、远程教育、跨境电子商务和互联网金融等领域有着积极的作为。数字经济得益于互联网技术的发展，在近 20 年里，全球互联网发展迅速，数据流量提升了数十倍，互联网内容有显著提升。预计到 2022 年，全球 IP 流量将达到每秒 150700 GB。全球互联网流量中，中东和非洲的流量实现了 41%的增长率，亚太地区的复合年增长率达到了 32%。其中，互联网增量有 90%来自发展中国家。据统计，我国相比其他“一带一路”沿线国家有着更高的增长态势，我国光缆行业产销量占全球 50%以上份额，发展速度较快。中国光缆制造企业亨通、中天和通光在海缆制造技术方面有很大突破，华为公司在海缆传输光通信技术领域达到较高技术水平，亨通等企业的光缆已打入欧美等发达国家市场。华为海洋网络作为海缆系统集成商，具备跨洋海缆交付能力，铺设海缆超过64000千米，已完成105个项目。截至2020年，我国与“一带一路”沿线20多个国家共同建立陆地光缆系统，带宽超过70 Tb/s，不丹和阿富汗后期会陆续实现陆缆连接。互联网和光缆技术的快速发展，极大地推动了数字经济的发展，为周边国家经济发展注入了新的活力和培育了新的经济增长点。

二、推进后疫情时代数字丝绸之路建设的意义 ▸▸▸

（一）数字丝绸之路建设推动了“一带一路”国家经贸的发展

在互联网不断发展中，经销商通过电商网站开店直接面对终端，制造成本进一步降低，追求销量制胜难以长久维持，个性化和柔性定制在数字时代发挥着极大的优势，数字技术变革提升产供销效率。丝绸之路电商逐渐成为推动“一带一路”沿线国家贸易的重要力量。截至2020年11月，我国已和沿线22个国家签署电子商务合作与交流备忘录，形成电子商务合作文件。2020年我国跨境电商进出口额同比增长31.1%，达到1.69万亿元，其中出口额增长40.1%，进口额增长16.5%。2020年12月底，联合国副秘书长维拉、卢旺达驻华大使詹姆斯直播卖咖啡，引发1000多万人在线关注，所带来的销量等于过去一年的咖啡豆销量。2020年11月18日，从义乌西站出发的跨境电商欧洲专列装载跨境电商包裹，总值约144万美元，到达比利时货运场站后，转运欧洲其他相关国家，对于沿线经济发展有着重大拉动作用。全球经济正处于重大转型阶段，数字丝绸之路建设推动着沿线各国贸易关系的发展，人民币数字化也在加快发展，沿线各国中央银行逐步开始货币数字化建设，这对沿线国家经济发展带来重要影响。在我国，电子支付得到很好推广，微信和支付宝等电子支付工具在全国逐步普及，数字货币也在加速落地，数字人民币在深圳、苏州、成都以及冬奥场景内部进行测试。2020年9月，国务院明确在北京自贸区建设“法定数字货币试验区”。数字人民币的推广，将对国际货币体系以及“一带一路”沿线国家产生较大影响。

（二）建设数字丝绸之路促进了沿线各国数字经济的快速发展

新冠肺炎疫情暴发以来，“一带一路”沿线国家都在积极推动数字丝绸之路建设，积极促进数字经济发展。2020年4月，世界贸易组织预测2020年全球货物贸易量将会有12.9%～31.9%的下降幅度。根据2020年9月以来经济增长的反弹，世界贸易组织认为全球货物贸易量下降幅度将维持在9.2%左右，实际情况可能比预期好。一方面是疫情防控措施得力，特别是我国国内积极防控取得了很大的成效；另一方面是数字经济对疫情期间贸易量的增长起到很大推动作用，特别是跨境电商的快速发展，使贸易得以持续向好地发展。2020年1—9月，我国网上实物商品零售额同比增长15.3%，占社会消费品零售总额的24.3%。我国正积极与"一带一路"沿线国家开展丝绸之路电商建设，与东盟国家的贸易增长较大，跨境电商起到很重要的促进作用。2020年，泰国、菲律宾、马来西亚和越南等国的椰子、杧果、榴梿和咖啡等产品通过电商销售到我国，带动了当地经济的发展。贝恩公司曾预测，东南亚国家网购人数达到3.1亿，比2019年翻一番。马来西亚、印尼等国疫情期间网购人数比2019年增长了3～4倍。我国在数字经济方面发展很快，数字经济占GDP的比重接近40%，东盟国家加大与我国在数字经济方面的相互合作。电商作为一种新型业态，在疫情期间促进"一带一路"沿线各国贸易快速发展。因此，我国应更多地与"一带一路"沿线各国合作共建数字丝绸之路，并积极投资建设区域性网络基础设施，与相关国家分享数字经济发展经验，带动沿线国家与我国共建数字丝绸之路，消除数字经济鸿沟，促进"一带一路"沿线国家数字经济跨越式发展。

（三）贸易数字化极大推动了数字丝绸之路的建设和进展

我国积极推动贸易数字化的发展，加快数字丝绸之路的建设步伐。截至2020年12月，我国的贸易伙伴遍及亚、非、欧、拉及大洋洲等各洲的多个国家，签署了19个自贸协定，2020年11月签署的RCEP是覆盖人口最多和经贸规模最大的自贸区，其外贸额约占我国外贸总额的1/3，涵盖1.4万亿美元以上进出口贸易额，以自贸区和产业合作平台为构架，积极推动形成全球经济贸易新格局。据统计，截至2018年底，我国与"一带一路"沿线24个国家建立了82个境外经贸合作区，带动20多万个就业岗位。2013年8月至2020年9月，我国自贸区数量增加到21个，更多企业享受到自由贸易的红利，内陆地区交通物流改善，丝绸之路沿线区域国家自由贸易更加通畅。2020年我国关于"一带一路"贸易投资报告指出，2013—2019年，我国与"一带一路"沿线国家货物进出口贸易额从1.04万亿美元上升到1.34万亿美元。2019年，我国与138个国家签署"一带一路"合作协议，总货物贸易额达到1.90万亿美元，占比41.5%，出口9837.6亿美元，进口9173.9亿美元。我国与"一带一路"沿线国家服务进出口贸易总额为1178.8亿美元，出口380.6亿美元，进口798.2亿美元。从数据分析可以看出，我国与沿线国家进出口贸易增幅高，货物贸易比重超过40%，服务贸易比重较小，但增量空间大。我国"十四五"规划提出构建空中丝绸之路，进行数字丝绸之路建设，可以推动我国企业打通传统经销商数量少的国家进行数字自由贸易，积极推进贸易数字化，鼓励跨境电商，激活我国数字经济并带动"一带一路"沿线国家的数字化经济发展。

三、推进后疫情时代数字丝绸之路建设的具体对策 ▶▶▶

(一)推进丝绸之路沿线国家网络基础设施建设

“一带一路”沿线国家积极投入数字丝绸之路建设,推动数字经济蓬勃发展,许多沿线经济体加强网络基础设施建设。2017 年 12 月,我国推出《标准联通共建“一带一路”行动计划(2018—2020 年)》,强调在 5G、人工智能和卫星导航等领域建立协调统一标准。2020 年 8 月,中央网信办等部门提出深化人工智能标准国际合作,我国已与沿线多个国家签署了加强数字丝绸之路建设合作备忘录,同时与 19 个国家签署电子商务合作备忘录,推动数字丝绸之路前期成果落地。2017 年 11 月,中国电信与俄罗斯电信开通基于 100G ULH 密集波分复用技术实施跨境传输电路。2018 年 7 月,中巴经济走廊成果之一——中巴跨境光缆项目竣工。2020 年 5 月,中国移动、Facebook、南非电信运营商和沙特电信公司等宣布将合作铺设海底电缆,经由东非海缆相连延伸至亚洲,该项目建成后将大大加强整个非洲和中东的联系。近年来,支付宝在欧洲和亚洲多个国家建立直接业务和支付运营平台,在泰国建成京东智能物流中心。抖音 App 等在东南亚地区广泛流行,深受当地用户的喜爱。

(二)积极推动丝绸之路沿线国家数字经济发展

丝绸之路国家在积极制定发展数字经济的实施方案,并与国家数字经济发展战略保持一致。2017 年 12 月,哈萨克斯坦通过“数字哈萨克斯坦”国家规划。2018 年 7 月,乌兹别克斯坦颁布“关于发展数字经济措施”总统令,并于 2019 年 11 月发布《数字乌兹别克斯坦 2030 国家战略构想》实施路线图。2018 年 11 月,土库曼斯坦批准《土库曼斯坦 2019—2025 年数字经济发展构想》。2019 年 12 月,塔吉克斯坦颁布《塔吉克斯坦数字经济构想》。2020 年作为中国-东盟数字经济交流和合作年,东盟各国积极加快制定“第四次工业革命综合战略”,解决第四次工业革命在经济发展领域的难题。2019 年 5 月,非盟制定《2063 年议程》推出“泛非数字网络”和“网络安全”项目。在第五届转型非洲峰会上召开“推动非洲数字经济”的主题,肯尼亚总统乌胡鲁提出“非洲数字经济蓝图”,号召非洲各国通过数字技术推动非洲大陆经济转型升级。

(三)加快推动数字丝绸之路沿线国家 5G 网络建设

我国将积极发挥数字基础设施方面的优势,帮助“一带一路”沿线国家建设数字基础设施,为经济发展创造新的增长点。5G 技术快速发展,在“一带一路”沿线国家有着很好的前景。截至 2020 年 9 月,全球 129 个国家和地区的 397 家运营商投资 5G 领域,逐步进行试验、规划和网络部署。100 多个运营商推出 5G

商用服务,101 家运营商推出多项 5G 服务。预计到 2025 年底,5G 用户将达 30.3 亿,占全球移动市场近 30%,LTE 以 53.5%的份额占据主导地位。2020 年 7 月,我国 5G 用户规模达到 1.1 亿,占比近 80%。在 2020 年底 5G 基站总数接近 100 万个,用户超过 2 亿人。深圳和北京 5G 独立组网达到全覆盖,用户规模居全球之首。2020 年,阿里巴巴及腾讯公司推出面向东南亚国家小企业的增值服务。华为公司将在纳米比亚从零开始进行数字基建,在欧洲的业务布局也在逐步展开。全球约有 500 亿个设备联网,还有很大的提升空间,需要强大的数据处理能力。2020 年 3 月 8 日,广西 5G 产业联盟在南宁成立,助力构建面向东盟的数字丝绸之路,积极推进中国-东盟信息港建设。广西出台了《广西数字经济发展规划》等政策文件,加快面向东盟地区的信息基础设施建设,开展东盟国家 POP 节点建设,打造 5G 国际信息枢纽,逐步完善 5G 国际通信布局。截至 2020 年,广西数字经济总量达 7267 亿元,数字经济主体达到 1.3 万多家,建成 3.1 万座 5G 基站,与浙江 5G 产业联盟进行合作,促进形成 5G“1+1”联盟平台,推动 5G 数智化产能落地。

(四)积极推进丝绸之路沿线国家全力发展大数据技术

大数据技术受到了“一带一路”沿线国家的重视,已成为数字经济创造价值的核心要素,数字经济运行的基础就是优化处理海量的大数据。2020 年,90%的金融专家认为,大数据是机构数字转型的关键。北美是大数据产业最发达的地区,占全球收入比重超过了 35%。在亚洲,中国、日本以及印度在大数据技术领域占据优势,发展速度较快,整个亚太地区大数据产业增速超过 15%,今后将出现东西方国家各占大数据市场半边天的情形。我国正在加快建设大数据中心,加速产业数字化转型,推动互联网加快发展。贵州作为我国首个国家大数据综合试验区,大数据产业得到很大发展,腾讯、苹果、中国移动等大型互联网企业落户贵州。新冠肺炎疫情暴发以来,数字技术在抗疫中发挥了重要作用,使用大数据实施监控,收集和分析数据,采取切实措施防止疫情扩散,取得了很好的成果。《福布斯》刊文称,我国已跻身人工智能重要国家行列。到 2025 年,我国将逐步建立智能制造支撑体系,重点产业实现智能转型,在 100 多所高校新增人工智能专业,有 17 所全球人工智能学科较强高校,培养出较多的大数据领域专业人才。我国将打造出成熟高效的企业生态圈,在 AI 集群产业园申请组建办公室,成立最大 AI 初创企业资本市场,为培养 AI 专业人才创造最佳环境。

(五)加快制定数字丝绸之路沿线国家的数字经济标准体系

当今在数字化经济领域竞争激烈,“一带一路”沿线国家需要增强实力,积极应对西方国家跨国数字企业的挑战,做好数字化专利的保护、使用和共享。建立物联数据生态的关键是建立物联网标准,沿线国家实体公司一方面要积极完成数字化转型，另一方面要大力建设数字生态系统。例如，亚马逊、谷歌和微软等公司在积极抢占数字化经济市场，设计自己的机器学习算法和建模等。我国实体公司如果不积极应对，则很有可能会沦为硬件产品商。物联网具有终端设备多层次和广覆盖性，设计的产品在连接交互层面存在专利上的叠加。例如无人驾驶汽车以及车载设备，数据交互的专利存在着兼容性问题，进而导致相互冲突。那么大数据应用层的专利以及相关标准也会存在着冲突的可能性。在国家层面，需要出台统一的规划，并进行逐步完善。各地也需要加强合作，避免重复建设，突出各自地方特色。在"一带一路"沿线国家合作和交流的背景下，我国在逐步完善相关制度和标准，为建设数字丝绸之路创造良好的内外部政策环境，同时也需要处理好各国之间政治、文化和法律体系方面的差异问题。因此，国家各级部门需要进一步推动与协调数字经济的发展，推动更多企业参与数字丝绸之路建设，进一步完善数字丝绸之路发展战略，细化政府职责，制定企业规范，为推进数字丝绸之路建设和发展制定新的国际标准体系。因此，"一带一路"沿线国家在发展数字经济和 5G 技术领域，需要共同合作，制定出数字经济标准体系，加快知识产权的建设和保护，这也成了数字丝绸之路建设的重大问题。

本章小结 ▶▶▶

本章主要研究推动丝绸之路建设以吸引外商投资的现状及措施，对我国推进丝绸之路经济带建设以及后疫情时代我国推进数字丝绸之路建设进行了分析和探讨。

第五章

我国制造业开放式创新模式相关研究

随着现代科技变革日新月异，先进的科学技术不断涌现，加快了制造业企业产品的更新换代。制造业与各行业的关联性极强，制造业产品本身很复杂且投入较大，如果不能顺应当代技术的快速发展，不能及时掌握技术变化的动态，则很可能导致产品研发出来后已成为落后产品的境遇。因此，制造业企业必须适时调整创新模式，向开放式创新模式转变。通过对开放式创新模式的选择，制造业企业能有效避免将来在技术创新中所遇到的风险。我国制造业企业为缩短研发周期、降低研发风险以及减少研发成本，需要选择适合自身发展的开放式科技创新模式，在掌握现有技术基础上，有效利用外部资源，选择有利于提高企业创新能力和促进效益增长的自主创新模式，力争在合作与共享中实现利益最大化。在经济全球化的大背景下，我国制造业企业要想与国际大公司竞争，仅仅依靠自身的实力还不够，需要与全球企业合作，以此来提高自身的竞争实力。加之当今互联网发展迅速，各种创新资源要素在全球范围内流动，使得我国制造业企业必须转变原来的创新观念，朝着开放式新思想转变。

第一节 相关文献综述

关于制造业开放式创新模式的研究，主要可归纳为以下几点。

(1)开放式创新理论是顺应世界经济的发展、高新技术的进步而提出来的。开放式创新理论用进化论的观点来分析经济问题，后经相关学者研究逐步加以完善，基于开放式思想来研究创新理论，并将开放式创新理论应用于社会实践。Rycroft 等基于技术、生产和组织等考虑，认为新技术是从简单创新活动向复杂创新活动演进的，在复杂的环境中，企业要有很强的适应能力。Coombs 等认为，分布式创新是一种新型状态，创新需要相关技术和能力，广泛分布在一系列企业和知识创造机构之间。还有学者提出，从开放式创新的视角挖掘产品创新、研究制造业开放式创新模式。如 Connor 等认为，大中型企业的突破式创新就是一种开放式创新，采用技术和产品创新能够快速提升企业综合竞争力。

(2)开放式创新对于提升制造业企业创新绩效有积极影响。我国学者在开放式创新领域有一定研究，如陈钰芬等研究了我国企业绩效，指出企业开放度不高，而且企业的技术创新能力不强，研发强度也相对较低，因此，开放式创新对于提升企业创新绩效有积极影响。陈衍泰等通过企业开放式创新文化支持度以及市场导向，分析其与创新绩效之间的关系，通过开放式创新理论对开放式创新文化支持度进行了分析，认为这对于中小企业市场导向有一定影响，并按照创新程度将开放式创新分为突变性创新与渐进性创新两种方式，进一步分析市场导向对创新绩效的具体影响程度。陈劲等运用项目管理理论指出，成功的项目应是根据创新项目流程做出有选择性的开放，进行项目运作时综合运用内向开放式创新模式和外向开放式创新模式。高新技术企业应争取政府的财税政策支持，在一些重大产业发展项目开发上实施项目管理式企业开放式创新。郑聪玲通过分析中小制造企业集群演进过程发现，集群成长阶段不同，那么企业的创新动力和需求也不同，需要构建制造企业集群开放式创新模式以推动制造业发展。

(3)开放式创新需要与制造业核心技术、产业高质量发展以及互联网数字经济紧密结合。姚遂等通过对 1999—2014 年我国制造业面板数据的分析，经由 CES 生产函数方法测度制造业技术偏向性，研究偏向性技术进步与就业增长之间的相互关系，从而通过制造业偏向性技术进步分析企业科技创新对就业产业的影响，认为应该选择合适的技术创新模式以提高企业自主创新能力。辜胜阻等及张艺等认为，创新驱动与核心技术非常重要，是制造业高质量发展的基石。苏勇等及喻登科等研究了企业开放式科技创新的主要模式与支撑体系，提出了普遍性信任与企业开放式创新绩效之间的联系。吴亚琼等及郭海等把制造业开放式创新与互联网和数字化有机结合在一起，研究开放式科技创新的内涵以及开放式科技创新对制造业创新企业成长的影响。

本书在上述文献研究的基础上探讨新的开放式创新模式，分析各种影响因素，并进行灰色关联分析和实证研究，以期为我国制造业企业提升创新效率提出合理化建议，进一步优化制造业开放式创新模式，促进我国制造业产业有序、健康和稳定发展。

第二节　制造业开放式创新模式的选择与分析

开放式创新模式是指企业通过均衡协调内部和外部资源以产生创新思想，并综合利用自身内外部市场开展创新活动的一种新型模式。该创新模式不仅仅把创新目标放在传统产品经营上，而且积极寻找企业外部的技术合伙、技术特许、战略联盟等合适的商业模式，把商业化运作的创新思想变成现实。在开放式创新模式理念下，新技术或新产品能够穿越企业边界进行扩散，通过许可的方式利用，创造一个多赢的局面。

一、开放式创新模式的选择 ▶▶▶

依据制造业企业的内外部创新投入比重对创新产生不同影响从而实现创新效用最大化，可以通过组织联盟式、技术联盟式和人才联盟式等创新模式配置资源。开放式创新模式有多种可供选择。

(一)组织联盟式创新模式

重新进行组织创新设计，突破创新瓶颈。随着技术的突飞猛进，组织联盟式创新模式可降低制造业企业的创新研发成本，减少创新风险，达到创新规模经济，增加创新收益，提高制造业产业的创新能力。

(二)技术联盟式创新模式

重新进行技术创新设计，缩短企业研发周期，从而避免单独研发风险，达到快速对新技术做出反应，提高制造业企业的研发速度。通过技术联盟式创新模式，能够产生创新型专利技术，更快实现商业化运作。

(三)人才联盟式创新模式

可以吸收有研发能力的科研人员，签订合作协议，共同投入研发活动中来，参与系统内部决策。通过人才联盟式创新模式，产业系统的科学技术知识可在企业内部和产业间实现共享，从而提高企业及产业的创新能力，增强制造业企业在同行业中的竞争优势。

二、基于刺激-反应的开放式创新模式选择 ▶▶▶

通过对企业循环的刺激-反应模型及制造业开放式科技创新模型的分析，我国制造业企业创新可选择以下开放式自主创新模式。

(一)利益驱动模式

企业变革的最终目的都是希望变得更加强大、更有竞争力,实现企业经济效益最大化及利润最大化。企业进行科技创新,并寻求新的创新模式,都是为了提升自身的研发能力,实现商业化,为企业创造更多价值。基于利益的驱动,企业能够探寻外部信息,将这些信息纳入进来,经过一定机制激活创新主体的创新行为,产生企业的新技术或新产品。在这种开放式科技创新模式中,因利益驱动而实现制造业企业的创新活动。

(二)知识共享模式

随着科学技术和互联网的发展,知识共享模式基于知识外部性及溢出性,使得知识的可获得性增强。企业需要不断学习,以顺应社会发展,创新更多知识,并不断探寻外界的新知识,与创新主体进行知识交流。企业需要寻求新的开放式自主创新模式,学习彼此优点,形成知识共享模式,便于开展创新。企业能够获得自身发展所需的新技术和新知识,除了信息共享,还可以知识共享,通过对不同知识的获取,知识共享成为现实,提高企业人才的科技创新能力。

(三)竞争共赢模式

受外部环境中多样创新主体影响,随着虚拟网络的发展、技术的更新、产业间的融合,企业间的竞争日趋激烈,企业需要提升自身的创新实力以应对各种竞争压力,仅靠自身实力很难在市场上占有一席之地。这进一步促使制造业企业选择开放式科技创新模式,与其他创新主体合作,在竞争中实现共赢。竞争共赢模式需要企业掌握相关信息和创新方向,将有关研发信息纳入效用体系中激活,从而实现企业科技创新的目的。

第三节　制造业开放式创新模式的灰色关联分析

本书通过对制造业开放式创新模式影响因素进行灰色关联分析,探究影响制造业开放式创新效率提高的主要因素,从而找出提升制造业开放式创新效率的途径和措施。

一、研究方法

灰色关联分析是根据序列曲线几何形状的相似程度来判断系统因素间联系

密切与否的一种方法。关联分析是对系统的动态发展态势进行量化分析，也就是进行量化比较分析。灰色系统模型对观测数据没有限制要求，这使得灰色系统模型能够在很多领域得以广泛应用，也能够在制造业开放式创新模式这个领域加以应用。

二、开放式创新的影响因素 ▶▶▶

制造业开放式创新与多种因素具有紧密的关系，其中主要受如下因素影响。

(一)技术进步

企业由于技术创新而带来经济效益，技术进步是影响制造业开放式科技创新效率的一种很重要的指标。本书使用技术创新效率指标来代替。

(二)人口

通常来说，一个国家的人口数量对制造业开放式科技创新具有一定的正向影响，也就是说人口数量越多，制造业创新的可能性也就越大。随着技术的发展和人们环保意识的提高，人口指标对制造业开放式科技创新效率的影响越来越大。

(三)经济增长

一国经济增长会对制造业科技创新产生拉动作用。本书采用相关统计年鉴中的我国国内生产总值(GDP)数据来代替经济增长指标，并以 2007 年为基期进行调整以消除价格波动所造成的影响。

(四)产业结构

根据我国制造业产业的特征，并结合当前我国不同阶段经济发展的特征，本书对产业结构指标进行替换，用全国第二产业生产总值占国内生产总值的比例来代替。

(五)能源价格

能源价格是影响制造业开放式创新的重要因素，因为全国各地原材料、燃料价格及动力价格是能源消费价格的主要组成部分，本书采用各地原材料、燃料及动力价格指数代替能源价格指标。

(六)城镇化率

我国城镇化水平逐步提高，也是影响制造业开放式科技创新的重要因素。城市集中各种资源，也是能源消耗的主要地区。本书使用城镇人口占总人口的比例来代替城镇化率指标。

本书主要选取《中国统计年鉴》和中国经济信息网(中经专网)统计数据库 2007—2018 年的数据，对我国制造业开放式科技创新指数与上述各指标之间的关系进行实证分析。创新指标数据是各项指标创新所带来的效益，研究制造业开放式创新主要影响因素的影响程度，从而为做出相关决策提供参考依据。

三、模型建立 ▶▶▶

（一）灰色绝对关联度模型

假设 X_0 与 X_i 长度相同，并为同一时距之和序列，其中：$X_0^0=[x_0^0(1),x_0^0(2),\cdots,x_0^0(n)]$，$X_i^0=[x_i^0(1),x_i^0(2),\cdots,x_i^0(n)]$，分别作为 X_0 和 X_i 的始点零化像；ε_{0i}是 X_0 与 X_i 的灰色绝对关联度，反映相似程度，表示制造业开放式科技创新效率与其他指标之间的近似程度。计算公式如下：

$$\varepsilon_{0i}=\frac{1+|s_0|+|s_i|}{1+|s_0|+|s_i|+|s_i-s_0|} \tag{5.1}$$

其中

$$|s_0|=\left|\sum_{k=2}^{n-1}x_0^0(k)+\frac{1}{2}x_0^0(n)\right|$$

$$|s_i|=\left|\sum_{k=2}^{n-1}x_i^0(k)+\frac{1}{2}x_i^0(n)\right|$$

$$|s_i-s_0|=\left|\sum_{k=2}^{n-1}[x_i^0(k)-x_0^0(k)]+\frac{1}{2}[x_i^0(n)-x_0^0(n)]\right|$$

（二）灰色相对关联度模型

假设 X_0 与 X_i 长度相同，且初值不为零，X_0'、X_i'分别为 X_0、X_i 的初值，称 X_0'与 X_i'为 X_0 与 X_i 的灰色相对关联度，记为 r_{0i}。计算公式如下：

$$r_{0i}=\frac{1+|s_0'|+|s_i'|}{1+|s_0'|+|s_i'|+|s_i'-s_0'|} \tag{5.2}$$

其中

$$|s_0'|=\left|\sum_{k=2}^{n-1}x'^0_0(k)+\frac{1}{2}x'^0_0(n)\right|$$

$$|s_i'|=\left|\sum_{k=2}^{n-1}x'^0_i(k)+\frac{1}{2}x'^0_i(n)\right|$$

$$|s_i'-s_0'|=\left|\sum_{k=2}^{n-1}[x'^0_i(k)-x'^0_0(k)]+\frac{1}{2}[x'^0_i(n)-x'^0_0(n)]\right|$$

（三）灰色综合关联度模型

假设 X_i 与 X_j 长度相同，初值不为零；ε_{ij} 和 r_{ij} 分别为 X_i与 X_j的灰色绝对关联度和相对关联度；$\theta\in[0,1]$。称 $\rho_{ij}=\theta\varepsilon_{ij}+(1-\theta)r_{ij}$ 为 X_i 与 X_j 的灰色综合关联度，体现 X_0 与 X_i 的相似程度和 X_0 与 X_i 的接近程度，反映制造业开放式科

技创新与相关指标之间的紧密程度。计算公式如下：

$$\rho_{ij}=0.5\varepsilon_{ij}+0.5r_{ij} \tag{5.3}$$

四、实证测算 ▶▶▶

2007—2018 年我国制造业开放式创新及其主要影响因素的有关指标数据具体如表 5-1 所示。

表 5-1　2007—2018 年我国制造业开放式创新及其主要影响因素的有关指标数据

年份	X_0 创新指标/万元	X_1 技术创新效率	X_2 人口/万人	X_3 GDP/亿元	X_4 第二产业生产总值占国内生产总值比例	X_5 原材料、燃料及动力价格指数	X_6 城镇人口占总人口比例
2007	135818.6675	70.2791%	126743	98000.5	45.91653%	105.2%	36.24%
2008	140994.1725	75.061 8%	127627	107317.0	45.15272%	99.8%	37.66%
2009	152241.048 5	78.544 5%	128453	119221.6	44.78970%	97.7%	39.08%
2010	172924.5374	75.8302%	129227	133517.5	45.96896%	104.8%	40.53%
2011	202192.1270	74.3363%	129988	151808.9	46.22534%	111.4%	41.76%
2012	234296.1841	76.0575%	130756	171723.2	47.36635%	108.3%	42.95%
2013	261471.9129	80.3575%	131448	198934.7	47.94851%	106.0%	44.34%
2014	280536.8766	87.2677%	132129	234238.2	47.33878%	104.4%	45.89%
2015	291919.5272	94.5438%	132802	262373.8	47.44646%	110.5%	46.97%
2016	307941.9836	97.4329%	133450	284531.2	46.24156%	92.1%	48.31%
2017	336875.3263	105.0530%	134091	323549.7	46.66930%	109.6%	49.95%
2018	374155.7133	109.4695%	134737	362534.9	46.58867%	109.5%	51.28%

注：$X_0 \sim X_6$ 分别代表的指标含义下同。

（一）计算灰色绝对关联度

计算公式如下，结果如表 5-2 所示。

$$X_i^0=[x_i(1)-x_i(1),x_i(2)-x_i(1),\cdots,x_i(n)-x_i(1)]\ (i=0,1,2,3,4,5,6) \tag{5.4}$$

表 5-2　2007—2018 年我国制造业开放式创新及其影响因素的灰色绝对关联度

年份	X_0	X_1	X_2	X_3	X_4	X_5	X_6
2007	0	0	0	0	0	0	0
2008	5175.50472	0.047827	884	9316.48113	0.763813	−5.3	1.46
2009	16422.38107	0.082654	1710	21221.09801	−0.362920	−7.4	2.87
2010	37105.86980	0.055511	2484	35516.97667	0.816242	−0.3	4.31
2011	66373.45936	0.040572	3245	53808.36247	1.072624	6.3	5.54
2012	98477.51647	0.057784	4013	73722.65254	2.213636	3.2	6.78
2013	125653.24550	0.100784	4705	100934.16640	2.795789	0.9	8.12
2014	144718.20900	0.169886	5386	136237.73040	2.186063	−0.7	9.67
2015	156100.85950	0.242648	6059	164373.29540	2.293742	5.4	10.77
2016	172123.31590	0.271538	6707	186530.74110	1.088842	−13.0	12.12
2017	201056.65860	0.347739	7348	225549.16720	1.516581	4.4	13.73
2018	238335.04560	0.391907	7996	264534.00880	1.435937	4.2	15.09

根据 $|s_i| = \left|\sum_{k=2}^{n-1} x_i^0(k) + \frac{1}{2}x_i^0(n)\right|$（其中 $i=1,2,3,4,5,6$），可计算得出：

$|s_0| = 1142374.54$；

$|s_1| = 1.613$；

$|s_2| = 46537$；

$|s_3| = 1139478$；

$|s_4| = 15.10$；

$|s_5| = 4.4$；

$|s_6| = 82.865$。

根据 $|s_i - s_0| = \left|\sum_{k=2}^{n-1}[x_i^0(k) - x_0^0(k)] + \frac{1}{2}[x_i^0(n) - x_0^0(n)]\right|$，可计算得出：

$|s_1 - s_0| = 1142372.9$；

$|s_2 - s_0| = 1095837.5$；

$|s_3 - s_0| = 2896.8669$；

$|s_4 - s_0| = 1142359.4$；

$| s_5 - s_0 | = 1142370.1$；

$| s_6 - s_0 | = 1142291.7$。

根据 $\varepsilon_{0i} = \frac{1+|s_0|+|s_i|}{1+|s_0|+|s_i|+|s_i - s_0|}$，得出灰色绝对关联度值：

$\varepsilon_{01} = 0.500$；

$\varepsilon_{02} = 0.520$；

$\varepsilon_{03} = 0.998$；

$\varepsilon_{04} = 0.500$；

$\varepsilon_{05} = 0.500$；

$\varepsilon_{06} = 0.500$。

(二)计算灰色相对关联度

设 X_0 和 X_i 为长度相同、初值不为零的序列：

$X_i' = [x_i(1)/x_i(1), x_i(2)/x_i(1), \cdots, x_i(n)/x_i(1)]$，其中 $i=0,1,2,3,4,5,6$。

计算结果如表 5-3 所示。

表 5-3　2007—2018 年我国制造业开放式创新及其影响因素的相对关联度

年份	X_0	X_1	X_2	X_3	X_4	X_5	X_6
2007	1	1	1	1	1	1	1
2008	1.038106	1.068053	1.006975	1.095066	1.016916	0.949572	1.039757
2009	1.120914	1.117608	1.013492	1.216541	0.991962	0.929591	1.079238
2010	1.273202	1.078986	1.019599	1.362416	1.018077	0.997146	1.118995
2011	1.488692	1.057730	1.025603	1.549062	1.023755	1.059943	1.152954
2012	1.725066	1.082221	1.031662	1.752268	1.049026	1.030447	1.186913
2013	1.925154	1.143405	1.037122	2.029935	1.061919	1.008563	1.224186
2014	2.065525	1.241730	1.042495	2.390174	1.048415	0.993340	1.266980
2015	2.149333	1.345263	1.047805	2.677270	1.050800	1.051380	1.297350
2016	2.267302	1.386371	1.052918	2.903365	1.024115	0.876308	1.334622
2017	2.480332	1.494797	1.057976	3.301510	1.033588	1.042816	1.379072
2018	2.754803	1.557645	1.063057	3.699315	1.031803	1.038056	1.415517

根据 $|s'_i| = \left|\sum_{k=2}^{n-1} x'^0_i(k) + \frac{1}{2}x'^0_i(n)\right|$（其中 $i=1,2,3,4,5,6$），可计算得出：

$|s'_0| = 19.91$；

$|s'_1| = 13.79$；

$|s'_2| = 11.87$；

$|s'_3| = 23.13$；

$|s'_4| = 11.84$；

$|s'_5| = 11.46$；

$|s'_6| = 13.79$。

根据 $|s'_i - s'_0| = \left|\sum_{k=2}^{n-1}[x'^0_i(k) - x'^0_0(k)] + \frac{1}{2}[x'^0_i(n) - x'^0_0(n)]\right|$ 可计算得出：

$|s'_1 - s'_0| = 6.11$；

$|s'_2 - s'_0| = 8.04$；

$|s'_3 - s'_0| = 3.21$；

$|s'_4 - s'_0| = 8.08$；

$|s'_5 - s'_0| = 8.45$；

$|s'_6 - s'_0| = 6.12$。

依据 $r_{0i} = \frac{1+|s'_0|+|s'_i|}{1+|s'_0|+|s'_i|+|s'_i - s'_0|}$，计算得到灰色相对关联度值：

$r_{01} = 0.85$；

$r_{02} = 0.80$；

$r_{03} = 0.93$；

$r_{04} = 0.80$；

$r_{05} = 0.79$；

$r_{06} = 0.85$。

（三）计算灰色综合关联度

根据 $\rho_{ij} = 0.5\varepsilon_{ij} + 0.5r_{ij}$，将灰色绝对关联度值及相对关联度值代入，得到我国制造业开放式科技创新率及其影响因素各指标之间的综合关联度为：

$\rho_{01} = 0.675$；

$\rho_{02} = 0.662$；

$\rho_{03} = 0.965$；

$\rho_{04} = 0.651$；

$\rho_{05} = 0.646$；

$\rho_{06} = 0.675$。

本书通过灰色关联度分析得出的结果与实际情况基本吻合。从整体上看，我国经济正处于快速发展时期，GDP 总量增长是影响制造业开放式创新效率的主要因素，城镇化率提高也对促进我国制造业开放式创新有着重要影响，人口数量增加、价格变动、产业结构调整及技术进步等都对我国制造业开放式创新效率的提升具有正相关影响。

第四节　制造业开放式创新模式实证分析

一、数据来源及处理

(一)变量设定及数据来源

我们先定义模型内生变量，从中选取政府总支出(G_t)、政府投资性支出(I_{Gt})、政府服务性支出(H_{Gt})，加上居民总消费(C_t)与经济总产出(Y_t)，一共 5 个变量进行分析。

(二)数据处理

数据处理主要是对季节调整、通货膨胀以及趋势项进行调整。

(1)对于变量表出现的季节性特征，用 TRAMO/SEATS 法除去不规则季节调整项。

(2)政府支出变量以 $2007Q_1=100$ 为基期的消费者物价指数(CPI)消除通货膨胀影响。

(3)对数用 HP 滤波法分解出各变量周期部分，得到趋势平滑因子，最终得到内生经济变量。

二、模型估计结果与检验

(一)模型估计与假设

考虑到小样本短期约束的统计性质，采用短期识别约束的方式，假定财政政策规则为：

$$S_t = f(\Omega_t) + \sigma_s \varepsilon_t^s \quad (5.5)$$

其中，S_t 表示财政政策规则；Ω_t 表示政策规则信息集；σ_s 表示政策冲击。通过确定阶数并进行平稳性检验，滞后长度信息标准显示为模型的最佳滞后阶数。同时，平稳性检验表明多项式根模在单位圆内，是平稳的，模型结构方程不存在识别过度。

(二)脉冲反应分析结论

根据脉冲反应分析,得出扩张性财政政策特点:

(1)存在“重投资建设、轻公共服务”的财政支出偏向。

(2)居民消费呈“驼峰形态”。

(3)能持续增加当期实际产出。

由此发现,这与居民消费具有挤入效应等结论相同,财政政策的宏观效应存在着事实特性。

(三)稳健性检验结果

1.缩小样本容量法

按照模型分析得到各变量脉冲反应,选取2007—2018年季度扩张性财政政策下的产出、消费以及政府投资性和服务性支出,作为子样本的空间数据,结果脉冲反应在规模与方向上不存在显著差异。

2.增加变量法

参照上述模型和方法,加入了新增的社会固定资产投资这一要素构建六变量模型,结果发现脉冲反应表现一致。

三、理论模型假设 ▶▶▶

(一)非流动性约束家庭

构建家庭最优化目标函数为:

$$\max_{\{\widetilde{H}^*_{iG,t}|\Omega_t,C_{ip,t},l_{it},K_{ip,t}\}} E_0\sum_{t=0}^{\infty}\rho^t\{\lg C_{it}+\theta[(1-l_{it})^{1-\phi}-1]/(1-\phi)\} \tag{5.6}$$

其中,C_{it}为复合消费品;$C_{ip,t}$为私人消费;H^*为政府公共服务;l_{it}为最优劳动时间;$K_{ip,t}$为资本投资,目标是终生期望效用最大化。

形成家庭消费和投资支出预算约束条件为:

$$C_{ip,t}+I_{ip,t}=w_t l_{it}+R_t K_{ip,t-1}-T_{it}-\Delta_{iG,t} \tag{5.7}$$

其中,$I_{ip,t}$为家庭投资;动态累积方程式为$K_{ip,t}=I_{ip,t}+(1-\delta_p)K_{ip,t-1}$,$\delta_p$为资本折旧率。

(二)流动性约束家庭

假定流动性约束家庭的偏好与非流动性约束家庭的偏好相同,构建最优目标函数为:

$$\max_{\{\widetilde{H}^*_{jG,t}|\Omega_t,C_{jp,t},l_{jt}\}} E_t\sum_{t=0}^{\infty}\rho^t\{\lg C_{jt}+\theta[(1-l_{jt})^{1-\phi}-1]/(1-\phi)\} \tag{5.8}$$

其中，复合消费品 $C_{jt}=[\phi\widetilde{H}_{jG,t}^{*(\eta_j-1)/\eta_i}+(1-\phi)(C_{jp,t}-b_iC_{jp,t-1})^{(\eta_j-1)/\eta_j}]^{\eta_j/(\eta_j-1)}$，$0.5<\eta_j<\eta_i, b_j>b_i>0$。

公共服务性需求差额为 $\Delta_{jG,t}\equiv\widetilde{H}_{jG,t}^{*}-\widetilde{H}_{Gt}$。复合消费品服从流动性约束条件：

$$C_{jp,t}\leqslant w_tl_{jt}-T_{jt}-\Delta_{jG,t} \tag{5.9}$$

(三)具有投资调整成本的厂商

采用的CD生产函数形式如下：

$$Y_{mt}=z_tK_{G,t-1}^{\alpha}K_{mp,t-1}^{\beta}l_{mt}^{\gamma}, \alpha>0, \beta>0, \gamma>0, \alpha+\beta<1, \alpha+\beta+\gamma=1 \tag{5.10}$$

其中，$K_{mp,t-1}$ 为私人资本；l_{mt} 为劳动；$K_{G,t-1}$ 为政府生产性支出；z_t 服从 $\hat{z}=\rho_z\hat{z}_{t-1}+\varepsilon_t^z, \varepsilon_t^z\sim N(0,\sigma_z^2)$。

调整私人资本和劳动，从而实现最大化利润：

$$\max_{\{l_{mt},K_{ip,t-1}\}}\quad(1-\tau)z_tK_{G,t-1}^{\alpha}K_{mp,t-1}^{\beta}l_{mt}^{\gamma}-w_tl_{mt}-R_tK_{mp,t-1}\ S \tag{5.11}$$

设定 $\Phi(I_p/K_p)=I_p/K_p$，满足 $\Phi'(I_p/K_p)>\Phi'(I_G/K_G)$，可以看出政府投资具有规模经济特性。

(四)具有投资调整成本的政府

使用最优决策目标函数表示政府治理和激励机制：

$$\max_{\{I_{Gt},H_{Gt}\}}U_{Gt}=E_t\sum_{t=0}^{\infty}\rho_G^t[(\widetilde{I}_{Gt}^{1-\psi}-1)/(1-\psi)+\lg\widetilde{H}_{Gt}] \tag{5.12}$$

推算表明政府投资性支出总效应大于服务性支出总效用，与我国实际投资波动性较强的现实特征一致。加入总量税和收入税两种形式，政府财政分权将服从：

$$G'_t=T_t+\tau Y'_{mt} \tag{5.13}$$

加总的政府资本累积方程为：

$$K_{G,t}=\Phi(I_{Gt}/K_{G,t-1})K_{G,t-1}+(1-\delta_G)K_{G,t-1} \tag{5.14}$$

从式(5.14)中发现，财政支出是随国家经济增长速度而变化的，与企业变化类似。

(五)一般均衡系统

给定经济中政府决策行为、企业投资行为、家庭偏好以及经济状态变量集 $\{A_{t-1},K_{p,t-1},K_{G,t-1}\}$ 和外生性随机变量集 $\{z_t,\widetilde{G}_t\}$ 在实现约束条件下达到最优化，国民经济也达到均衡，在预算平衡下实现政府最优政策目标、企业利润最大化和家庭预期效用最大化。

第五节　实证结果及分析

一、基本参数校准

（一）校准家庭偏好参数

假定季度资本折旧率为 $R=0.05$，季度资本回报率与折现率关系表现为 $\rho=1/(1-\delta_p+R)$，家庭主观折现因子为 $\rho=0.963$。脉冲反应函数敏感性分析表明该参数取值不敏感，估计家庭具有相对更高的消费习惯偏好。

（二）校准厂商生产参数

设定政府资本季度折旧率 $\delta_G=0.009$，设定私人个体资本季度折旧率 $\delta_p=0.012$，两者进行比较，前者低于后者。设定 $K=1.3$，为劳动调整成本，该数值的大小表明就业变动成本的高低。

（三）估计财政政策参数

本书采用 2007—2018 年我国的季度数据，政府投资调整成本函数（Φ_G）在模型中起作用表示为 Φ'_G。假定 $\Phi'_G=1$，表明稳态时政府投资调节成本为 0，之后再采用贝叶斯方法估计 Φ''_G。

本书研究模型中部分参数的校准情况如表 5-4 所示。

表 5-4　本书研究模型的部分参数校准值

家庭偏好参数	厂商生产参数	财政政策参数
$\rho=0.963, \theta=1.75, \phi=30$ $\xi=0.20, b_i=0.30, b_j=0.80$	$\delta_p=0.012, \delta_G=0.009, K=1$	$\rho_G=0.47, \rho_{SG}=0.68$, $\sigma_G=0.10$

二、贝叶斯估计

（一）数据前期处理

本书使用 2007—2018 年我国的季度数据，相关变量有政府资本存量 K_{Gt}、私人资本存量 K_{pt}、实际总产出 Y_t、实际总消费 C_t 等。通过 ADF 检验方法对调整后数据进行平稳性检验，结果是平稳的。对数据进行处理和转化，进行贝叶斯估计，可观测得出经济变量为 $J_t=[\Delta \lg Y_t, \Delta \lg C_t, \Delta \lg K_{Gt}, \Delta \lg K_{pt}]$。

(二)贝叶斯估计过程及其结果

家庭、企业最优化问题以及政府平衡预算与市场出清构成一般均衡系统，稳态下转化成线性差分方程组，根据均衡系统写成状态空间形式：

$$S_t = H_1(\Theta)S_{t-1} + H_2(\Theta)E_t(\zeta_t, \zeta_{t+1}, \cdots) \tag{5.15}$$

$$J_t = G_1(\Theta)J_{t-1} + G_2(\Theta)E_t(\zeta_t, \zeta_{t+1}, \cdots) \tag{5.16}$$

式(5.15)和式(5.16)定义了模型在外生冲击下的均衡路径，涉及财政政策冲击变量和技术水平冲击变量，其中 H_1、H_2、G_1、G_2 为模型结构函数。采用随机抽样算法使用 MATLAB 进行贝叶斯估计，$\{\phi, \eta_i, \eta_j; \alpha, \beta; \psi, \Phi''_G\}$ 是估计参数，依次为家庭偏好参数、厂商生产参数和政府偏好参数。结果如表 5-5 所示，可以发现制造业开放式自主创新模式及其影响因素是多方面的，政府职能转变、经济发展速度、创新模式等都是宏观经济调控的重要内容。本书以循环运行机制的理论推导和假说得出，转变政府职能和实现企业创新促进制造业开放式科技创新模式的转变；通过模型进行实证分析和研究，得出我国在实施扩张性财政政策下，财政支出结构偏向于投资基本设施建设，对于公共服务发展力度支持不够；通过对模型传导机制进行研究发现，我国采取以 GDP 增长为目的的激励机制是影响制造业开放式自主创新的一个重要因素。

表 5-5　实证的部分参数先验分布及后验估计结果

参数	先验分布	先验均值	后验均值	标准差	置信区间
ϕ	正态分布	0.32	0.36	0.0081	[0.1934,0.4927]
η_i	伽马分布	3.01	3.12	0.0001	[2.3541,4.3498]
η_j	伽马分布	0.82	0.79	0.0029	[0.6736,0.9321]
α	阿尔法分布	0.21	0.26	0.0013	[0.1419,0.3275]
β	贝塔分布	0.35	0.36	0.0013	[0.3118,0.5216]
ψ	逆伽马分布	0.27	0.29	0.0326	[0.1836,0.3474]
φ_G	正态分布	5.00	12.18	0.0681	[11.8734,12.2847]

第六节　相关结论

在大数据时代和国际贸易快速发展的大背景下，通过研究我国制造业开放式创新模式及其影响因素，并进行灰色关联分析，使我们认识到在进行制造业开放式创新中，需要努力提高人口素质、调整产业结构、推动城镇化发展和进行制造业产业技术变革，大力促进我国地区生产总值总量增长和经济快速发展。我国制造业企业积极进行科技创新，能够有效提升自身在制造业领域的科技竞争实力。制造业企业还需要转变原有创新观念，向开放式创新思维转变。制造业企业采取有效开放式创新模式，有利于降低企业研发风险、减少研发成本和提升科技竞争力，有利于带动我国整体制造业的科技创新水平，使得中国制造业能更好地走向全球。

我国制造业需要进一步扩大创新开放度，积极提高制造业资源配置效率和开放式创新效率。制造业企业需要采用开放式科技创新模式，积极提高企业自身的创新能力。我国交通设备制造业、电子通信制造业等行业的企业都在加大对自主创新的投入力度，积极寻求开放式创新的意愿更加强烈。我国制造业还需要加大自主研发力度，并消化吸收外部技术，实现技术引进、消化吸收与再创新的融合，提高新技术利用率，利用引进的新技术提升企业自身的研发能力。制造业企业将外部技术与内部研发能力进行有效融合，是快速提升我国制造业开放式科技创新能力的有效途径，并积极采用内外部资源结合的开放式创新模式，为我国制造业企业科技创新做出贡献。

本章小结 ▶▶▶

本章主要对我国制造业开放式创新模式进行实证研究，分析了相关文献及制造业开放式创新模式的选择，对制造业开放式创新模式进行灰色关联分析和对制造业开放式创新模式进行实证分析，得出相关实证结果并进行总结。

第六章

政策建议

第一节　完善贸易制度环境以吸引外商投资的对策

一、优化国内产权制度以吸引外商投资 ▶▶▶

吸引外商投资是我国对外贸易制度和政策中很重要的组成部分，要发展与壮大外资经济，需要建立优良的产权制度环境。优化国内产权制度不仅能有效促进外商投资在我国的发展，而且能有效保护我国国有企业及民营企业的合法权益，加快我国贸易制度改革进程。我们必须要健全产权制度，积极构建保障市场经济顺利运行的产权法律体系，使外资增强在我国投资和发展的信心，这可以为中国未来法律体系的建设和完善打下很好的基础。随着国家经济的进一步发展，相继在企业税收、金融领域等方面制定了相关的制度，促进了我国法律体系与制度环境的完善。

随着外商投资进一步流入我国市场，对我国各方面制度的改革起到了积极的推动作用。我国政府已把建立健全的知识产权保护体制提升到国家战略的高度。良好的国内知识产权保护体制不仅可以有效保护和鼓励本国国有企业和民营企业的知识产权和自主创新，还能积极促使外资企业加快向我国进行资本投资和产业转移，并随着 FDI 的溢出效应，可以把投资国的先进技术和优秀管理经验引入我国。在外商投资者对我国进行直接投资之前，会考察东道国对知识产权保护的力度。如果东道国对知识产权保护力度较低，则可能使外商企业的知识技术被竞争者所复制和窃取，投资者的先进技术和信息就会面临极大的经济损失和风险，这样就会使外商投资者暂缓或退出对该国的投资，从而使得 FDI 难以产生正向溢出效应。

如果东道国的知识产权保护体制不健全，外资企业为防止先进技术和良好制度不被轻易仿制，就可能采取独资方式进行投资，并对企业日常管理采取更加严格的保护措施，防止企业知识产权泄密和被侵犯。若当地知识产权保护体制相对健全，外商投资者就会减少风险顾虑，并以参股或合资的形式在东道国进行投资。因此，东道国的优良贸易制度能有效引导外商投资流入本地，促进 FDI 产生正向溢出效应，加快我国贸易制度变迁进程。

二、优化市场制度环境以提升外商投资传导的有效性 ▸▸▸

随着我国市场经济的快速发展，很多外资企业纷纷进入中国进行投资经营，这促使我国必须建立和优化市场制度及相关的对外贸易制度环境，在承接外商投资和产业转移的同时，积极提升外商投资传导的有效性，以便充分利用外商投资，促进贸易制度及相关制度改革的顺利进行。同时，还要最大限度地发挥外商投资所带来的正向溢出效应。当前我国还处于市场经济转型时期，市场机制尚待完善，原有的计划经济体制对经济活动有一定的影响，使得外商投资促进我国贸易制度变迁的传导机制还未发挥有效作用。在发展社会主义市场经济的大环境下，我国需要逐渐完善市场经济体制，充分利用外商投资进入所带来的传导效应促进我国贸易制度变迁的有效实现。

在引入外商投资和市场经济转型初期，政府的制度建设和政策制度存在一定的运作空间，政府在外资引进以及招商引资政策制定方面可以进行一定程度的非市场运作，并能产生较大效用，政府可以制定一些优惠政策或赋予外资企业某种特权来推进外商投资在我国的发展。但是随着经济转型的深化以及外商投资的大量进入，政府采用非市场化的方式进行过度干预会出现很多弊端，会人为造成市场经济主体的不平等竞争，对民营企业的歧视也会影响国民经济的均衡发展。随着市场经济转型领域的普遍化和广泛化，以及社会经济成分、利益关系和分配方式的多元化，政府通过制定优惠政策来吸引外商投资的空间更加有限，利用行政手段主导经济发展的能力受到了严峻挑战。因此，在遵循市场经济规律的前提下，必须进一步完善和优化市场机制和贸易制度环境，以促使外商投资在市场经济中更加有效地发挥自身的传导效应，促进我国经济的快速发展。

三、重视制度软环境的建设以吸引外商投资 ▶▶▶

我国各地区要积极重视制度软环境的建设，创造优良贸易制度环境以吸引外商投资的进入，并努力创造该区域的综合竞争优势，形成对外资的吸附效应。随着对外开放步伐的加快，我国需要进一步加强贸易制度建设，用优良的外部环境吸引更多国际资本在华投资，增加 FDI 进入的数量和质量，有效改善我国相关行业的产业结构。利用沿海地区引进外资的示范效应，积极完善中西部地区的制度建设，打造优良的外商投资环境，使 FDI 由我国东部沿海向中西部等内陆地区推进，促进各区域经济的协调平衡发展。

贸易制度对外商投资的影响效应需要一定时期才能显现，影响效果也具有一定的滞后性，要想打造吸引外商投资的优良环境，贸易制度建设必须常抓不懈。我国东部地区制度建设相对较完善，而西部地区由于区域及政策等方面的因素，在制度建设方面相对来说尚有不足。从短期来看，需要进一步提高地方政府部门的行政效率以及减少行政干预手段对企业运行所带来的障碍，以及积极加强对知识产权的保护等。从中长期来看，政府部门可以采取加快市场发育程度、健全法律法规制度以及建设贸易壁垒等措施来吸引外商投资的进入，同时还要减少对外资企业的经营限制，放松对外商投资的市场准入，进一步提高我国对外开放程度，为外商投资创造良好的外部环境。

四、推进贸易体制内外创新以吸引外商投资 ▶▶▶

贸易体制的创新在制度建设中尤为重要，改革开放的进程，也是我国贸易制度和体制不断优化和发展的进程，必须与时俱进，积极创新。只有不断创新，才能更好地适应国际经济发展的大环境，才能在吸引外商投资的竞争中取得领先位置，使得我国的体制能够为外商投资保驾护航，同时也能为其创造活力，并借助其经济溢出效应和技术溢出效应推进我国的经济结构优化升级。

我国市场经济活动中，国有企业仍然占据主导地位，外资企业和民营企业实力还不强大。因此，必须进行经济体制改革，加快建立现代企业制度，消除各项影响制度变迁的因素，为外资企业和民营企业等经济实体创造公平竞争环境。我们需要不断健全市场经济体制，并进行贸易体制内外创新，制定合理的招商引资政策，以更好吸引外商投资的流入，使得我国成为国际资本理想的进入地和目的国。

五、重视贸易制度建设和外商投资引进的双向影响关系 ▶▶▶

贸易制度建设与外商投资引进具有双向影响关系，它们是相互联系且密不可分的有机统一体。因此，我国政府应积极推进各项制度改革，不断完善贸易制度，使我国的贸易制度能很好地与国际接轨。通过营造良好的贸易制度环境和外商投资环境，吸引更多高质量的外商投资，使得我国成为国际资本和外商产业转移的理想目的地。

同时，通过对外商投资的引进，能给我国带来更多先进技术、资金、设备和管理经验，促使我国相关行业进行更深层次的变革，促进我国市场经济体制的建立和产业结构的转型升级。更进一步说，外商投资的进入能触发我国各地区诱致性制度变迁，使得我国贸易制度建设更加合理和完善。最终，随着我国贸易制度变迁和吸收外商投资的相互促进和相互推动，使两者进入良性循环的轨道，推动我国实现区域经济的均衡和长远发展。

第二节　推动我国制造业开放式创新的对策

一、促进制造业内部研发与外部吸收相融合模式 ▶▶▶

制造业企业充分运用开放式自主创新模式来提高创新能力，因为内部知识和外部知识的均衡投入将提升企业的内部研发能力及对外部知识技术的吸收能力，加速企业技术进步。企业不能完全依赖外部技术而忽略自身实力，应该是在R&D过程中不断寻求相关知识和技术与内部创新活动有效结合，开发具有自主知识产权的产品和技术，培育核心竞争力，重视制造业企业的技术研发中心建设。

二、确立制造业创新主体间的内在联系 ▶▶▶

开放式自主创新主体之间因寻求一系列共同的社会经济目标而相互联系、相互作用，应促进参与主体之间利益分配结构的协调，充分发挥知识、技术、资金和人员交流的相互作用。在企业、大学、研究机构、中介机构等这些主体中应做好职能分工，政府应建立有利于引导创新的宏观管理部门，企业应建立和完善相应的技术创新组织结构，定位自身在创新链中的位置。各主体应寻找参与技术创新服务的价值增值点，建立对外组织体系。

三、制造企业开放式创新模式的基础是政策支持 ▶▶▶

科技能力发展，无论是初级能力还是进一步的能力深化都面临市场失灵，因而需要政策支持。科技活动越复杂，研发周期越长，研发成本越高，风险及不确定性就越大。在技术落后的情形下，成本和风险随着产业落后程度的增大而提高，需要相应的政策支持，提升科技水平和竞争力，如通过共性技术研发网络系统构建，化解企业研发创新的风险和外部性。政府还可发挥主导作用，通过建立实验室来开展基础理论研究，攻克关键共性技术，不断跟踪国际前沿技术等。

四、搭建配置开放式创新资源的平台 ▶▶▶

通过创新服务平台的构建能够优化创新资源配置，平衡各创新主体的创新活动。由于不同创新主体各自的特点和性质不同，在企业创新活动中的作用也不相同，创新平台的构成要素涵盖了企业、科研机构、大学和各类技术创新服务平台及政府有关部门等。如果仅靠一种主体可以完成从创新到产业化的整个过程，那将存在很大的困难。所以需要有一个平台，成为各主体的桥梁和纽带，通过知识、技术的扩散和传播效应，可以在平台中各取所需，组织好自己的创新活动，可以开发新产品、新技术或者研发新工艺等，并将其产业化。

五、增强制造业发展内生动力 ▶▶▶

加快冶金、石化、水泥、建材四个优势传统产业的改造升级，加快海洋工程装备、医药、食品、循环经济、电子信息和先进装备制造六个支柱产业做强做优，加快新一代信息技术、智能装备、新能源与专用汽车、海工装备、航空航天、新材料、生物医药、北斗、轨道交通、节能环保等十个战略性产业发展壮大。加快建设以企业为主体、产学研用紧密合作的协同创新体系；加快完善从创新链到产业链的市场体系建设，大力扶持科技创新成果迅速产业化；加快培育一批低成本、便利化、全要素、开放式的众创空间和创新型领军企业；重点聚焦信息技术、新能源汽车、专用汽车等领域，争创国家级制造业创新中心。

六、打造制造业竞争新优势 ▶▶▶

加强互联网基础设施建设，加快实施“制造业＋互联网”行动计划，全面加快工业互联网、云平台等信息基础平台建设，加快发展工业机器人、3D打印、高功率激光制造成套装备等特色优势智能制造装备和产品，加快运用信息技术改造提升传统产业。加快发展工艺设计等生产性服务业，打造设计品牌，实施工业产品质量提升行动，建立质量追溯平台、质量信息库、质量失信企业黑名单制度，健全产品质量追溯体系。实施品牌升级行动，加大自主知识产权保护力度，加快培育一批行业龙头和行业细分领域小巨人，提升我国品牌在全球内的整体形象，建成制造业品牌强国。

七、营造有利于制造业发展的良好制度环境 ▶▶▶

制造业的发展离不开良好的制度环境和有力的政策扶持，我们需要积极实施“企业家培育”工程，培育制造业工匠大师；积极推动区域产业协同发展，着力打造长江经济带产业转移和“一带一路”国际产能合作高地；引导各类金融企业支持实体经济特别是制造业发展，做好与企业、项目的衔接工作；完善重大技术装备示范应用实施办法，重点加大对智能制造、绿色制造、自主创新等先进制造业的支持。因此，我们需要创造合理的贸易制度政策和良好的市场环境，积极吸引外商投资，促进我国制造业的快速发展。

本章小结 ▶▶▶

本章对如何完善贸易制度以吸引外商投资提出相应对策，并就如何促进我国制造业开放式创新模式优化提出相关对策，可作为相关部门制定政策时的参考依据。

第七章

结　论

本书以贸易制度理论、外商投资理论及制造业开放式创新理论等为基础，并结合制度经济学、统计学、计量经济学和管理学等学科相关知识，就我国贸易制度对外商投资以及制造业开放式创新模式影响进行研究，并在理论分析的基础上，通过收集相关数据，运用数量模型和一般计量方法进行实证检验分析，在得出相应结论的同时提出了一些政策建议，以期对促进我国贸易制度建设并吸引外商投资和推动我国制造业开放式创新模式调整以推动经济增长提供一定的参考价值。本书主要研究结论如下。

一、贸易制度建设对我国吸引外资有着重要作用 ▶▶▶

本书通过对中国贸易制度的研究，使得我们更好地认识到贸易制度建设对于吸引外商投资的重要性，特别是贸易制度的完善对于吸引外商投资以及扩大对外贸易的重要意义。还能使我们更好地理解到贸易制度的优化可以很好地吸收外商投资和外来资本，增强本国的经济实力和综合国力。我们必须重视制度建设，破除一切阻碍经济发展的壁垒，积极通过制度的完善来进一步吸引外商投资，促进产业结构升级，推动国家经济发展。

二、推动贸易制度和外商投资的协同发展以促进我国经济增长 ▶▶▶

通过本书的理论分析和实证分析，我们发现加强贸易制度建设和吸引外商投资是一个有机统一体，两者相互促进，共同影响。在政策的制定中，需要找到更好的措施去不断优化贸易制度，更好地吸引外商投资，发挥相互的特长和优势，使之相互促进，两者协同发展才能更好地推进我国经济增长。我们必须积极制定有效的措施来推动两者的协同发展，使之更好地服务我国经济建设。

三、利用开放式创新模式来提高制造业企业的创新能力 ▶▶▶

从制造业企业的创新密度、创新资金投入、创新关联性以及企业所在市场的波动情况可知，我国制造业企业需要采用开放式创新模式来提高创新能力，其中交通运输设备制造业、电子及通信设备制造业的内外部创新投入均呈现出上升的趋势，说明企业具有更强的寻求开放式创新的意愿；普通设备制造业及器材制造业虽然部分呈现出增长幅度较低的增长态势，但是从发展趋势来看，也具有一定的创新资源投入，可以采用开放式创新模式来提升创新水平；金属制品业、仪器仪表及文化办公用品制造业从内外部的创新资源投入来看，与其他行业相比，明显投入较小，但是仍呈现小幅逐步增长的态势，主要是更多地采用封闭式创新模式，可以借助开放式创新来提高综合实力。

四、制造业企业应采用内外部融合的开放式创新模式 ▶▶▶

我国制造业企业在内部研发资本、国内技术购买资本和技术引进资本方面，均对创新的产出做出了一定的贡献，而内部研发资本与国内技术购买资本、内部研发资本与技术引进资本、国内技术购买资本与技术引进资本的交互作用与融合，对开放式创新产生积极影响，但影响幅度低于制造企业独立的创新投入。如果采用内外部创新资源结合的开放式创新模式，将对创新的产出做出更大的贡献。

制造业在创新资本投入上呈现更多的是封闭式自主创新活动，更偏重于直接购买国外的技术或者产品，采用更多的是模仿创新，因而企业的消化吸收能力不强，未充分将内外部创新资源有效结合。因此，我国制造业企业要加大自主研发、消化吸收、再创新投入，实现技术引进、消化吸收与再创新相互结合、补充和促进，提升所引进技术的利用效率，尽可能地利用引进技术提升自主研发能力。将企业外部技术源泉与自主研发有效融合，是快速提升我国制造业技术创新能力的有效途径。

五、后续需要进一步深入进行理论与实践的融合研究 ▶▶▶

本书在进行理论和实践研究的时候，需要把国家贸易制度、外商投资与制造业开放式创新模式影响结合起来研究，并对影响效应进行深入分析，寻找内在规律。研究使用的数据还需要更加全面，理论和实践需要进一步融合，使得研究更具有说服力。我国的贸易制度在逐步完善，吸引更多外商投资进入国内市场，制造业在开放式创新领域取得了较大发展，但是还需要进一步完善，主要是在竞争力、市场份额以及制造业品牌效应等方面变得更为强大。今后研究的重点是如何进一步完善贸易制度以吸引外商投资，并有效利用开放式创新理论与制造业企业实践相融合。抓住实施"一带一路"等战略机遇，着力推进供给侧结构性改革，积极实施制造业开放式创新模式，着力打造先进制造业核心区和智能制造发展高地，为把我国建设成贸易大国和制造业强国而努力奋斗。

参考文献

[1] 鲁靖，邓晶. 中国粮食贸易特征的原因分析与对策[J]. 国际贸易问题，2006(5)：17-23.

[2] 陈衍泰，何流，司春林. 开放式创新文化与企业创新绩效关系的研究——来自江浙沪闽四地的数据实证[J]. 科学学研究，2007(3)：567-572.

[3] 陈钰芬，陈劲. 开放式创新促进创新绩效的机理研究[J]. 科研管理，2009(4)：1-9.

[4] 高峻峰. 技术壁垒与互补性资产视角下产业升级路径研究[J]. 科技进步与对策，2014(12)：58-63.

[5] 黄汉民. 论新时期我国贸易政策的调整[J]. 管理世界，2003(4)：132-133.

[6] 包宗顺. 世界粮食生产、贸易、价格波动与中国的粮食安全应对策略[J]. 世界经济与政治论，2011(1)：134-146.

[7] 陈劲，吴航. 企业开放式创新实施机制：项目管理视角[J]. 西安电子科技大学学报(社会科学版)，2012(1)：19-24.

[8] 万荃，年志远，孙彬. 制度质量有效性与稳定性对利率市场化改革的影响[J]. 国际金融研究，2012(10)：72-76.

[9] 谢孟军. 基于制度质量视角的我国出口贸易区位选择影响因素研究——扩展引力模型的面板数据实证检验[J]. 国际贸易问题，2013(6)：3-15.

[10] 赵奇伟. 东道国制度安排、市场分割与 FDI 溢出效应：来自中国的证据[J]. 经济学季刊，2009(4)：891-924.

[11] 郑聪玲. 基于中小企业制造企业集群成长的开放式创新模式研究[J]. 经济研究参考，2015(12)：24-28.

[12] 刘建江. 特朗普政府发动对华贸易战的三维成因[J]. 武汉大学学报(哲学社会科学版)，2018(8)：82-90.

[13] 邓炜婷. 大数据时代下外贸业务数据与财务管理的融合研究[J]. 国际商务财会，2018(8)：15-17.

[14] 辜胜阻，吴华君，吴沁沁，等. 创新驱动与核心技术突破是高质量发展的基石[J]. 中国软科学，2018(10)：9-18.

[15] 康益敏,朱先奇,李雪莲. 制度质量与中国对外贸易的门槛效应分析——基于“一带一路”沿线国家面板数据[J]. 经济问题,2019(4):117-122.

[16] 陶锋,杨雨清,邱洋冬. 跨国网络、制度质量与贸易强国建设——兼谈“一带一路”倡议[J]. 国际经贸探索,2019(5):22-39.

[17] 苏勇,李群,王茂祥. 企业开放式创新的主要模式与支撑体系[J]. 技术经济与管理研究,2019(1):35-39.

[18] 喻登科,周子新. 普适性信任、知识共享宽度与企业开放式创新绩效[J]. 科技进步与对策,2019(5):1-10.

[19] 吴亚琼,张莲. 制造业与互联网融合发展背景下开放式创新内涵及模式研究述评[J]. 经济论坛,2019(2):30-37.

[20] 郭海,韩佳平. 数字化情境下开放式创新对新创企业成长的影响:商业模式创新的中介作用[J]. 管理评论,2019(6):186-198.

[21] 王海燕. 中国与中亚国家共建数字丝绸之路:基础、挑战与路径[J]. 国际问题研究,2020(2):107-133.

[22] 刘馨蔚. 上市公司发挥“头雁”作用 共建数字丝绸之路[J]. 中国对外贸易,2021(1):12-13.

[23] NORTH D C. Institutions, transaction cost and economic growth [J]. Economic Inquiry, 1987(25):419-428.

[24] COASE R H. The institutional structural of production [J]. American Economic Review, 1992(8):713-719.

[25] SUMNER A. Foreign direct investment in developing countries: Have we reached a policy “tipping point”? [J]. Third World Quarterly, 2008(29):239-240.

[26] MODY A, NEGISHI S. The role of cross-border mergers and acquisitions in Asian restructurin [J]. Working Paper of World Bank, 2001(3):23-34.

[27] DUN-NING J H. Towards a new paradigm of development: Implications for detemunants of international business [J]. Transnational Corporations, 2006(15):52-63.

[28] HUANG H. The regulation of foreign investment in Post-WTO China: A political economy analysis [J]. Clumbia Journal of Asian Law, 2009(6):112-135.

[29] ZHANG J, FU X L. FDI and environmental regulations in China [J]. Journal of the Asia Pacific Economy, 2008(13):332-353.

[30] HUANG L, LIU X, XU L. Regional innovation and spillover effects of

foreign direct investment in China [J]. A Threshold Approach Regional Studies,2012(2):11-18.

[31] LI P J A,NEWBERT S L,DOH J P. The effect of institutional quality on firm export performance in emerging economies: A contingency model of firm age and size [J]. Small Business Economics,2011(3):142-151.

[32] GONZÁLEZ-RIVERA G, HELFAND S M. The extent, pattern, and degree of market integration: A multivariate approach for the Brazilian Rice Market[J]. American Journal of Agricultural Economics, 2001, 83 (3): 576-592.

[33] DAHLANDER L,GANND M. How open is innovation? [J]. Research Policy,2015,39(6):213-226.

[34] ZHENG X Y, HUANG H M. The game analysis of the reasons for Chinese defeat in iron ore negotiation—Based on the bargain model[J]. International Conference on Information and Management Engineering, 2011(6):19-27.

[35] GOODWIN B K, PIGGOTT N E. Spatial market integration in the presence of threshold effects [J]. American Journal of Agricultural Economics,2001,83(2): 302-317.

[36] CONNOR H, CHIESA V, FRATTINI F, et al. The open innovation journey: How firms dynamically implement the emerging innovation management paradigm[J]. Technovation,2018,31(1):179-194.